# 日本はオレがよくする！

東京湾アクアラインから日韓トンネルへ

金澤義春　著

ガムのかみ捨て禁止条例を訴える著者を報道した当時のテレビ

歩道を掃除するホームレスの人たち（当時のテレビ報道から）

エジプトで桜の植樹祭をした折、カイロ市長夫人を訪問

山形県尾花沢市で桜の植樹式

日韓トンネル対馬阿連地区での調査斜坑口オープン式

オープン式で挨拶

対馬の調査斜坑掘削現場近くに植えられた桜の苗木

日韓トンネル唐津調査斜坑を見学

子どもを守り隊でパトロールしている横田正弘さん

子どもを守り隊のスタッフらと水戸黄門一行に扮して

「おとなの学芸会」で浪曲を演じる

「おとなの学芸会」で手品を披露

韓国の民族衣装を着て登場

# まえがき

私は昭和六年（一九三一年）の生まれなので、今年で八十四歳になる。今年は戦後七十年ということで、終戦から今日までの日本を回顧するような企画が新聞やテレビをにぎわせている。私にとっては、十四歳で少年航空隊に入り、大急ぎで訓練を受け、いざ出撃、「お国のためにこの命を捧げる！」と決意したところで、終戦となったのが、戦後の始まりだった。

今、私の故郷である福島県は、東日本大震災と大津波、さらに東京電力福島原子力発電所の事故から、まだ復興の途上にある。戦後復興に比べると、被災地が東北に広がっているとはいえ、日本全体が焦土と化したあの時代よりははるかに小さく、日本の国力も比較にならないほど大きくなっているのに、復興のスピードが遅すぎると感じるのは、私だけではないだろう。

戦後復興の一翼を担った私たちの世代は、親族や友人、知人の多くを戦争で失ったから、死んでいった人たちの分まで頑張らなければ、という気持ちが強かった。さらに、何としても生き抜いていかなければならない、目の前の現実があった。もちろん、それは東北の被災者の人たちも同じだろう。そんな思いで、いわば国民が一つになっていたことが、奇跡的な戦後復興を成し遂げた一番の要因だろう。私のささやかな経験も、その中で小さな光を放っている。

そこから思うと、今の日本人はどこかばらばらで、生きる力を失っているように感じられてならない。この七十年で、暮らしは見違えるほど豊かになり、誰もが自由に、思い通りに生きられるようになったのに、なぜか子供たちも夢を語らなくなってしまった。あるいは、これは私たち大人の責任なのかもしれない、と反省もしている。

そんな思いから、平成十年（一九九八年）に出した『責任者出てこい！』の新版として、その後の活動を書き加えたのが本書である。

とりわけ、東京湾アクアラインの建設に向けて民間運動を立ち上げ、その完成を見てから、日韓トンネル建設推進の運動にかかわるようになったことは、偶然の重なりとも言えるが、何か大きな天の計らいを感じざるを得ない。

それは、私が川崎駅西口の再開発で、きれいに整備された西口大通りの歩道が、心ないガムのかみ捨てで汚されたことに義憤を感じ、罰金つきのガムかみ捨て禁止条例をつくる運動を起こしたのにも通じている。

川崎駅西口大通りにビルを建て、町内会長に選ばれた私は、町を住みやすくし、発展させるために、思いついたことを一つずつ実践してきた。ホームレスの人たちに協力してもらった歩道のガム取りや、山形から花笠音頭の人たちを招いての桜まつりなどもその一環である。

一方では、地元で横田正弘さんたちと青少年の健全育成に取り組み、浪曲や詩吟の仲間たちやマヒナスターズの皆さんとは、「おとなの学芸会」で愉快な時間を過ごしている。これらも地域を若い世代の人たちが子育てしやすく、高齢者が楽しく暮らせるようにしたいからだ。

そんな願いと活動が、やがて県を超えて東京湾アクアラインにつながり、国を超えて日韓トンネルに発展していったのだと思う。

少子高齢化や地方消滅など、戦後七十年の日本のマイナス面ばかりが強調されるような傾向があるが、それにまさるプラス面があることは言うまでもない。だから、読者の皆さんには、「私が日本をよくする」との思いで頑張っていただきたい。一人ひとりが、それぞれの持ち場で輝いていることが、日本全体を明るくすることになるのだから。
そんな思いから、前著にも書いたことですが、ある意味「日本人への遺言のつもり」でつづりましたので、ご一読いただければ幸いです。

平成二十七年二月吉日

金澤義春

# 「日本はオレがよくする！」●目　次

## 6 日韓トンネルにかける夢 141

# 1

# 川崎市「ポイ捨て禁止条例」を実現

## ●かみ捨てガムで汚された歩道

一九九五年（平成七年）七月一日、川崎市は政令指定都市として初めての、罰金つきガムのかみかす、タバコの吸い殻、空き缶ポイ捨て禁止条例を施行した。今でこそ、同じような条例は多くの自治体で制定されているが、当時、政令指定都市で罰金つきの条例を制定するのは大変難しいことだった。そのため、住民の立場で条例を提唱し、その制定を強力に後押しした私は、たびたびテレビや新聞に取り上げられ、全国的に知られるようになった。

この条例の正式名称は「川崎市飲料容器等の散乱防止に関する条例」で、たいへん長たらしくてお固いお役所用語だ。「ガム・タバコ・空き缶・ポイ捨て禁止条例」の方が具体的でわかりやすい。それはともかく、条例成立までにはいくつもの困難があった。

近年、ＪＲ川崎駅西口大通りは再開発が進み、一九九四年（平成六年）四月に総工費二十五億円をかけて電線が地中化され、カラータイル貼りの歩道が完成した。ところが、西口大通りの歩道がきれいになると、かみ捨てられたガムなどで歩道の汚れが目立つようになったのだ。

チューインガムほど街を汚すものはない。クチャクチャかんではポイと吐き出す人がいる。ガム公害と言う人もいたが、これを防止する方法は誰も考えない。きれいな歩道もたまったものではない。たちまち黒く汚れてしまった歩道を見て、私は「これで文化国家なのか」と思ったものだ。

西口大通り会の会員たちが清掃を始めたが、ガムはべったりへばりついて、はがすのは容易でない。私も汗を流しながら、工具でがりがりやったが、なかなかはかどらなかった。

聞いてみると、川崎駅でも、ホームだけでなく自動改札口にまで、ガムのかみかすを貼り付ける不心得者もいて、駅では終電後、その掃除に苦労していた。

そこで私は、川崎市でガムのかみ捨てを禁止する条例を作り、その効果を確実にするために、罰金を科すようにしないといけないと考え、市に提案することにしたのだ。

## ●ホームレスを掃除に動員

その一方で私は、ホームレスの人たちによる清掃部隊を思いつき、早速行動に移した。一九九四年（平成六年）七月、ホームレスの人たちに歩道掃除の仕事を自腹で頼み、〝ガム清掃ホームレス部隊〟なるものを作ったのである。

戦後、福島から川崎に出てきたころ、私も一時、ホームレスになった経験があったので、川崎駅周辺のホームレスについては、人一倍関心があったからだ。

当初、私はホームレスの人たちに相談しようと思い、一人のこのこ出かけてみたが、口をきいてくれる人は一人もいない。市の職員が、自分たちをどかそうとやってきたのに違いないと思ったらしい。中には恐ろしい形相で私をにらんでいる人もいた。

なるほどと気がついたのは、私の服装がよくなかったことだ。背広姿では、役人と間違えられるのも無理はない。

そこで一週間後、見事に変装して芝居をうった。黒く汚れた手ぬぐいで頬かむりをし、よれよれのジャンパーを着て、手には大きなズタ袋。実はこの中にはタバコ、パン、ジュース、ビール、焼酎などを入れてあるのだが、外見ではわからない。
「オレは多摩川の河原に寝ているんだけどよ、蚊にくわれてたまらねえ。ここはどうかね、蚊がいるかね」

「ここはいねえよ…」

「そいつはありがてえ。ま、いっぱいやろうや…」

私は、例のズタ袋を開けてビールなどを取り出した。飲むほどに世間話に花が咲く。ようやく私を仲間と思ってくれたわけだ。頃合いを見て私は切り出した。

「ところでよ、いい仕事があるらしいんだがどうかね」

「どんな仕事だ」

「そこの商店街で、歩道にへばりついているガムを取ってくれというんだ。金はよ、一時間千円ぐらいだそうだ。十人ぐらいでやってもらいたいそうだが、どうだい」

「いつからやるんだ」

「あと三日ぐらいで始めるそうだが、その時はまた頼みにくるよ」

こんな調子で、次の夜も何人かを口説いてようやく十五人ほど集めた。

日取りと集合場所を決めて、さあ本当に来てくれるかなあと、ちょっと心配しながら待っていると、あぁ来た、来た！　ちゃんとみなさんお揃いである。だが、中には妙な顔をしている者もいる。

この前は、自分たちの仲間だと称した男が、今度はちゃんとした服装でいるものだから、不思議に思ったのに違いない。私は、ジュースを一人ひとりに手渡しながら「頼む、頼む」と心を込めて言った。

それにもう一つ、彼らを驚かせたのは、腕章を巻いた読売新聞の記者が、カメラをかまえていることだった。実は、二、三日前に別の取材で私のところに記者が来たので、この日のことを話すと、早速駆けつけてくれたのだ。

私はホームレスの人たちにゼッケンをつけてもらい、それぞれにガムを取る器具を渡した。いよいよ、ガム清掃部隊の出陣だ。

一同両手を上げて、「えいえいおー」の掛け声。久しぶりの仕事にありついた彼らの笑顔を、私は忘れない。費用は私の負担だが、少しも惜しくはなかった。

条件は、月十回程度、日当は三時間で三千円、とりあえず十人で部隊を編成してとりかかった。

それと並行して、西口大通り会として、日本チューインガム協会（当時の会長は重光武雄ロッテ社長）と話し合いの場を持った。

私とて、単なるわからず屋ではない。チューインガムの効果も、口臭予防だけでなく、唾液分泌の促進、消化促進、虫歯予防、歯周病予防、がん予防、脳の活性化、眠気防止、ボケ防止、学習効果のアップ、精神安定、花粉症の症状緩和と、多方面にわたっていることは承知している。

問題は、かみかすを歩道などに吐き捨てるか、吐き捨てないかである。吐き捨てない簡単な方法は〝呑みこんでしまう〟ことだが、現状はそうはいかない。

私は、「メーカーが早く呑みこめるガムを開発することだ」と申し入れ、このことは話し合いの中で取り上げられ、将来的に検討することになった。

さて、現実的にはどうするかだが、これも私には具体的な案があった。メーカー側は、とりあえず「環境美化委員会」なるものを設け、かみ捨て防止キャンペーンの強化や清掃隊設立の検討を急ぐという姿勢を示した。この清掃隊設立という話を聞いて、私は「しめた！」と腹の中で叫んだ。

「その清掃隊は、ぜひホームレス諸君を隊員にしてやってもらいたい！」

そして、さらに私は言った。

「よく見てもらいたい！　現実に、彼らが一生懸命やっているではないか。ガム公害は今や全国的だ。この案を実施したら、町はきれいになり、ホームレスはいなくなるので、一石二鳥だ！」

だが、残念ながら、この声は具体化しなかった。

## ●ホームレスは社会全体の問題

私は、ホームレスの人たちに人一倍関心を持っている。なんとか更生させる方法はないものか、と思い続けている。

世間の人々や行政は、「彼らは仕事をいやがる怠け者だ」と思っているが、実はそうではない。「働きたいけど仕事がない」と彼らの多くは言う。一人ひとりの身の上についてはいろいろあろうが、それが人生なのである。

一体、ホームレスの人たちがどういう生活をしているか、一般の人は知っているだろうか。関心がないからおそらく知らないにちがいない。肝心の行政さえも知らないのだから。そこで、まずその実情を紹介したい。

行政がやったのは、あの東京・新宿のホームレス追い払い騒動ぐらいのもので、建設的な方法は何一つ取られていない。ずっとあとになって、民間団体が日比谷公園に、年越し派遣村を設けたこともある。

今の日本はやれリストラだ、倒産だと、ホームレス増加の道を突き進んでいる。それなのに、政治家も行政もなんら手を打とうとはしない。

ま、それも道理か。今や日本人はがりがり亡者の集まりだ。政治家やお役人も、世の中がどうなろうが、自分たちの給料は保証されているので、面倒なことはしようとしないし、関心も示さない。「ホームレスになったのは自業自得だ」くらいにしか考えていないのだ。

本当に自業自得なのだろうか。

私は、彼らからいろいろ聞いたのだが、自業自得なのではなく、彼らをホームレスにしたのは、政治の貧困、経済の貧困、行政の貧困で、責任はまさにそこにあるのだ。

バブル崩壊による倒産で、給料は貰えない、家賃は払えない、アパートを追い出される、寝る所がないというケースはいくらでもある。

これではいけないと求職に精を出すが、「その年齢では」と断られる。建設会社などは、労働基準法をタテにとって断る。今どきの若い者より精神的にも肉体的にもずっと強い中年だが、会社は若いのを取りたがる。

こんな例もある。やっと仕事にありついた。臨時の仕事だが、日当はちょっといい。喜び勇んで大いに働いて、さて給料日、十日分だからこのくらいにはなるだろうと胸算用で会社へ行ってみると、社長はいない。「社長がいないから払えないんだよ」のひと言でがっくりくるが、よほど急な用事でもあるのだろうと思い、翌日行くと、まだいない。次の日もいない。

これじゃあ計画的としか思えない。実はこうした会社が多いのだ。いわゆるブラック企業である。こんなことから、もう仕事はあきらめ、勤労意欲をなくして、ホームレスになるしかなかったのである。

当時、川崎駅周辺にホームレスが約七百人いた。生活方法もダンボールを使っている人が大半で、年齢的には五十五歳から六十歳ぐらいの男性が多かった。

市では臨時宿泊所を作ったりしているが、収容人員はたったの百人、それも正月三日間だけである。これではただの申しわけ程度、お茶をにごしているとしか思えない。

一日分の食費として六百円のパン券が支給されていたが、これは人間最低のカロリーだ。パン券だけでは生きていけない。ごみ箱をあさってタバコの吸殻を拾い、レストランの残り物を手づかみで口に投げ込む……これが実情なのである。

その費用が、川崎市では年間約一億八千万円になっていた。この金を生かして、その日暮らしでない、抜本的な対策を打ち出さないといけないのに、行政は手をこまねいているだけだった。何とかしなければいけないとの思いで、私は胸を痛めていた。

## ●ホームレスのゼッケンが問題に

話を現場に戻そう。私が個人的に組織したホームレス清掃隊員は「町の美化協力員ホームレス①」というゼッケンをつけていたのだが、実はこれが問題になったのだ。

「ホームレスなどと人権を無視したゼッケンをつけさせるとは、配慮が足りない」

そんな声が上がり、県の人権擁護委員会がやって来たのである。

「配慮が足りないのはどっちだ！」私の怒りは爆発した。

私が、わざわざ〝ホームレス〟というゼッケンをつけさせたのは、人権無視どころか、彼らの存在価値をアピールするためであった。

「あの人たちはあんなに一生懸命になって街をきれいにしている！　感心しちゃった」

「私たちもガムのかみかすを吐き捨てるのはやめようね」

「そうだ、そうだ、気をつけよう」

私は、そんな効果を狙って自腹を切ったのだ。これがきっかけになって、行政も乗り出してもらいたいと思ったのである。

こうした私の考えを無視して、ゼッケンにホームレスと書いたのはけしからんと、わざわざ法務局の職員までやってきて文句をいう始末。

私が秦野章元法相を通して法務省の許可を得ていると言うと、引き下がった。二時間後に電話があり、「ホームレスと書いたのは構わない」と言う。「文章に書け」と言うと「書けない」と言うので、証拠を残すため、電話の声をテープに録音

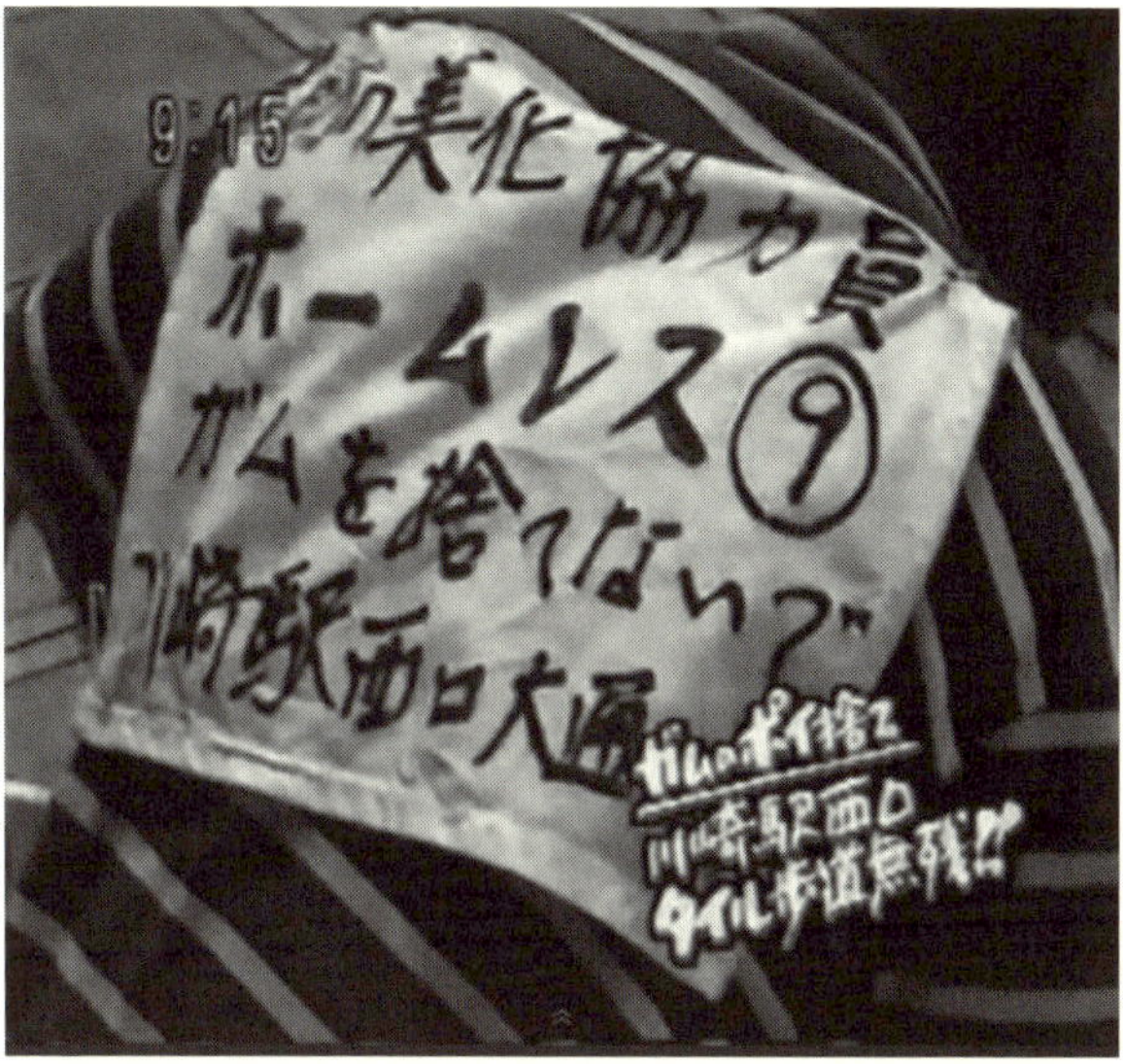

ゼッケンをつけたホームレスの人たち（当時のテレビ報道から）

した。

　私が「つべこべ言わず責任者を出せ」とどなり返すと、法務局が謝ってケリとなったが。

　ついでながら言えば、ゼッケンに通し番号をつけたのは、日当を支払う時に、わかりやすいようにしたまでだ。名前を呼ぶわけにはいかないではないか。

　さて、一方の日本チューインガム協会との話し合いも、一カ月以内に業界としての結論を出すということで終わったが、私は、次のような〝とどめの一言〟を忘れなかった。

「協会からの回答次第では、公共施設

でのガム販売禁止条例の制定請願などを検討したい」

だが、その後の進展はない。

ガムの吐き捨ては一向に減らない。タバコのポイ捨ても、空き缶も所構わず捨てられる。

私の怒りはつのるばかりであった。

これでは、どうしても市の条例を作り、それで取り締まらなければならない。その思いが、私を突き動かしたのである。

## ●モラルに期待するだけではだめ

私が組織した「ガム清掃ホームレス部隊」の活動は三カ月ほど続けたが、かみかすを取っても取っても、またすぐに捨てられる。これはもうなんらかの強硬手段を取らなければいけない。市に任せておいても駄目だという思いが私を決心させた。

市は「人々のモラルの問題だ」などと言っていたが、では、そのモラルに訴える方法を何か打ち出しているか。はっきり言って、今の日本人にはモラルなどない。

自分の住んでいる街のことなどどうでもよい、ただ自分だけよければという連中が多いのだ。

ホームレスの人たちが、ガムをはがしている姿を見ても、誰一人として感謝の言葉をかける人はいない。さっさと通り過ぎていくのだ。情ないが、これが現実である。

実は、私は〝ホームレス部隊〟をつくる前に、学校の先生にお願いしたことがある。

「生徒さんたちに、登校前のガムはがしをお願いできないでしょうか」

先生は「相談してみましょう」と言われたが、結果は駄目だった。原因はＰＴＡから反対が出たのである。

「うちの子は夜遅くまで受験勉強をしている。それを朝早く起こしてガムはがしだなんてとんでもありません！」

つまり、一事が万事、もうモラルに期待などと言ってはおれない。

## 罰金つきの条例を提案

そこで私は、条例に罰則をつければ守るようになるだろうと考えた。外国の事情を調べてみると、シンガポールなどでは、ちゃんと罰金を取っている。

私は意を決して、一九九四年（平成六年）八月に、三人の市会議員の協力を得て、市に対して条例制定を求める請願書を提出した。条例案は環境局で作成した。

ところが、行政当局はまたもやお決まりのことなかれ主義で、せっかく開いた委員会では反対が大半を占めた。委員会の構成は市職員二十人に市会議員十五人だったが、積極的に賛成する者は誰一人いなかった。

私は呆れる以上に、腹が立った。

そこで、強硬意見を委員会にぶつけたのである。

「これではラチがあかないから、ガムの販売禁止条例を出したらどうだ」

私は新聞社やテレビ局の人も呼んでおいたから、役所側は、これ以上ことが大きくなっては困るという考えに傾いていった。共産党は反対したが、他の党や会派は、現場に何回も見に来たりして、ようやく賛成ということになった。

ところが、また問題が起きた。

「罰金を取るというのは、どうかね」

という声が市と議会から出てきたのだ。

ほらまた始まったと思った私は、声を大にして言った。

「罰金を取る項目を入れなければ何にもならない。罰金こそが強力な歯止めになるからだ。ぜひ条例の中に入れていただきたい」

私はねばりにねばり、ついに制定にこぎつけた。

罰金を取るとなると、市だけではなく各方面と連絡を取らなければならない。たいへん煩雑な事務を克服して、六カ月という異例の速さでスピード可決され、平成七年七月一日から施行の運びとなったわけである。

この条例に違反すれば、二万円以下の罰金を取られることになる。条例が施行されると、私の狙い通り、さすがに罰金を取られてはたまらないと、ガムのかみ捨てや空き缶のポイ捨ては次第に少なくなり、おかげで歩道は見違えるようにきれいになった。

私は、条例施行直後、ホームレスの諸君にカメラを持たせて「ホームレス監視隊」をつくり、ポイ捨ての現場写真を撮らせたりしていた。

これも、私一人の試みである。なぜ、行政は乗り出さないのか。私のふところ具合にも限りがある。考えてみると、行政にとって条例はただの〝飾り物〟。最終的には人々のモラルに期待するしかないと、ことなかれ主義になっているのが、見え見えであった。

　この上は、一日も早く待たれるのは、ガムの改造である。メーカーに呑みこめるガムを作ってもらうしかないのかもしれない。

　しかし、この条例を評価してくれた人も多くいて、私は心から感謝している。中でも小田原市長の小澤良明さんには手を合わせたものだ。

　小田原市は国の特例市だから、市長の権限で事が進められる。新聞報道やテレビでこの川崎のポイ捨て禁止条例のいきさつを知った小澤市長が早速議会にかけたら、全員手を叩いて賛成したという。一九九五年（平成七年）四月に「小田原市まちをきれいにする条例」が制定され、その後二〇〇九年（平成二十一年）七月に一部改正した「小田原市きれいなまちと良好な生活環境をつくる条例」が制定されている。違反した場合の罰金は二万円以下だ。

　小田原といえば観光地で、ポイ捨ての本場だ。すぐ条例となったのは当然と言える。

「アイデアは川崎からそっくり頂いたんですよ。小田原は特例市ですから、川崎より早く施行になったわけで、先取りしてすみませんね……」

小澤市長は、冗談を交えてそう言うと、私の手をしっかりと握ってくれた。

小田原市で罰金つき条例が制定されたことで、川崎市の制定に弾みがついたのも事実だった。

その後、私は同様の条例を制定したい全国の自治体や市民団体に招かれ、講演するようにまでなった。

## 小学生の大発明

もう一つ、うれしいことがあった。

それは、一人の小学生のガムに関する研究である。川崎市幸小学校六年生の大村さやかさんが夏休みの宿題として取り上げたもので、私はその話を聞いて感激した。

彼女はいろいろのガムのかみかすを自分の洋服などにつけ、それを取るにはどうしたらいいか研究したのである。

初めはレモンで駄目。次は油、これも駄目。石けんも駄目。そして最後に酢がいいとわかった。それは大きな模造紙に、克明に書かれていた。

私は早速、酢を使って実験してみたが、なるほどよく落ちる。感心すると同時に、これは子供たちを教育する絶好のチャンスだと思った。私は感謝状を用意し、校長先生にその旨を電話すると、朝礼の時に渡してもらいたいという。

全校生徒の見守る中でやれば、これは一層教育の効果が上がるではないか。よし、テレビで全国にも流そう、私は早速テレビ局に電話をした。

さあ、こうなると、評判は全国に広がり、それを聞いた高橋清史川崎市長も大喜び。では市長賞をさし上げようということに発展したのである。

ガムをはがすという技術もさりながら、ガムのかみかすをポイ捨てしてはいけないんだね、という子供たちの声が広がってくれることを、私は願った。そして、今がチャンスだと、数万枚のチラシを作って市内および県内の学校に配った。それと同時に、各企業にもチラシを撒いた。

「皆さんの家庭にもこのポイ捨て禁止に賛同してもらうように、ぜひ皆さんで読んでください」

それが私の願いだった。いや、祈りだったと言ったほうがいい。私は、金がいくらかかろうが、これは自分の使命だと思って、全身燃えに燃えていた。

今も私は、絶対に手をゆるめてはいけないと思い、事あるごとにポイ捨て禁止の〝看板男〟になって人々に訴えている。

## ●動かない議員と行政を動かす

市民の啓蒙が大事だと考えた私は、ポイ捨て禁止の大きな看板を二百六十万円で作ることにした。川崎駅西口にあった東芝の工場の塀に立てようと工場長に相談すると、「ガムメーカー十六社と同じように、東芝もサービスメーカーなので、消費者の反発を買うかもしれない看板は立てられない」と断られた。

そこで、JR東日本の変電所の塀に立てさせてもらった。終電の後、車体の掃除でガムを取るのに苦労していたから、同意してくれた。

ところが、何でも反対する町会長が、「もし事故があったら市が補償するのか」と市に電話したらしい。市からJRに電話が入り、あわてたJRが「すぐに外してくれ」と言ってきた。

「風で看板が飛び、市民にけがをさせたりすると大変だ」

ガムポイ捨て禁止の看板（当時のテレビ報道から）

と言うのだが、私はそんなこともあるだろうと予想していた。

「わが社のほかの看板と同じように、一億円の保険に入っているから、万一事故が起きても、責任は私が持つから心配するな」

と言うと、その保険証書を見せてほしいと言う。

そこで、一億円の保険証書を見せると、「それなら結構です」と引き下がった。

もちろん、看板は風や地震で倒れないように補強している。

## ●浪曲師金澤一春斎

ところで、この辺でちょっと話題を変えて、浪曲師金澤一春斎について、一席申し上げることにしよう。

その浪曲師とは、誰あろうこの私。「面白い趣味をお持ちですね」などと言われるが、よくある金持ち老人のお遊びとはちょっと違う。浪曲は、私の体と心の「あんか」だったのである。

戦後、故郷から出て来た私は、しばらく寝るところもなく、川崎駅前のベンチで寒さに震えながら寝た。その時うなったのが浪曲である。腹に力を入れて声を出すと、寒さも寂しさも吹っ飛んだ。

それは忘れることのできない、私の人生の出発点だった。その思いが、私を浪曲に走らせたのかもしれない。

もちろん、好きだった。臆面もなく言うと、ちょっとうまかった。仕事が安定してくると、本格的に習おうと思い立ち、東芝レコードの専属だった田村金一郎さんに弟子入りしたという次第である。

私はボランティアで、高齢者施設を慰問し、浪曲をうなっている。三味線を弾いてくださるのは、伊丹秀子さんの弟子の伊丹秀俊さん。同時に、いろいろ運営にも参加させてもらい、「寿演友会」理事長という肩書を頂いている。

演目は『佐渡情話』『森の石松』などだが、こうした古いものにこそ情感がある。その他に、詩吟もあり「剛洲流吟詠会」理事長も務めている。

私は、詩吟をやる人がもっと増えるのを望んでいる。健康にもよいが、漢詩の中には人生の勉強になるものがたくさん含まれている。学校でも子供たちのために詩吟を取り入れたらどんなものか。私は、このことも声を大にして提唱したい。

戦後七十年、ただただ突っ走るだけの日本であった。このへんで立ち止まって振り返ってみようではないか。それは「昔はよかったなあ」という懐かしさだけではない。忘れてしまったものに、いいものがたくさんあるからだ。

私たちの「寿演友会」「剛洲流吟詠会」は、慰問だけでなく、古き良き日本を取り戻す使命も帯びている、と私は思っている。だから、一生懸命やらなければと、頑張って一席うなっている。

私は、ことあるごとに浪曲でポイ捨て禁止を訴えてもいるので、ついでながら、ご披露しておこう。もう一つ、八木節もいかがでしょうか。

〈浪曲〉
あーこの世はままならぬ
ガムを売る人作る人
これを買う人噛む人
ここまで何のことないが
これから先が厄介で
所構わずポイ捨てで
これを取る人
腹立てる人
あー世の中は大変だ

〈八木節〉
一、はァー……

さって一座の皆様方ヨ
出たよ出ました三角野郎が
四角四面の舞台の上で
音頭取るとはお恐れながら
何か一席読み上げまする
うたう文句は何やと問えば
ポイ捨て撲滅願うて唄う

二、

はァー……
環境美化をば進めるならば
先ずは己に言い聞かせての
ガムのポイ捨て空き缶などや
タバコ吸殻捨てずにおくれ
さすりゃ道路や駅前も
気持ち良く良くキレイになるぞ

三、はァー……
人の振り見て我が振り直せ
一人一人が注意をすれば
常に美観と清潔感で
旗もいらなきゃ騒ぎも起きぬ
さすりゃ社会も明るくなるぞ
心引き締め　ポイ捨て禁止

四、はァー……
もっとこの先読んだるなれば
なおも細かくわかるであろうが
あまり長いも退屈いたす
やめよよせよの声ないうちに
わたしの方から断切りまして

お後交代お願いいたすがオーイサネ

後に私が浅草の木馬館で、ポイ捨て禁止の浪曲をうなった時、ひょいと客席を見ると、条例を制定した当時の川崎市環境局長だった杉本寛さん（後に助役）がいるではないか。懐かしいというより有り難かった。

私は挨拶して、お礼を言ったのだが、杉本さんは当時を思い出して「いやあ、金澤さんの迫力に押されましたよ。穴があったら入りたい」と言われたのには恐縮した。

# 2

# 日本最強の町内会長

## ●再開発で生まれ変わった川崎駅前

私の住まい兼会社のある川崎駅西口前には、戦後の混乱期に在日朝鮮人が住みつき、不法に占拠している寺の敷地があった。バラック建ての三十六軒の集落になって、飲み屋やホルモン焼き屋などになっていた。彼らには居住権が発生しているため、寺は立ち退かせることができないでいた。

これでは再開発することができない。市会議員など誰が入っても朝鮮人部落は動かなかった。そこで、私は川崎駅西口再開発を考える会の会長に就任し、この問題に取り組むことになった。

一九五八年（昭和三十三年）当時、在日朝鮮人の北朝鮮への帰還事業が始まっていた。北朝鮮に帰れば今よりいい生活ができると宣伝されたので、日本の財産を売って帰ろうとする人が出てきた。そこで、二、三カ所の土地を私が買い、次に、地権者たちで開発組合を設立した。

当初は、川崎駅西口の再開発などできるわけがないと反対する人が多かった。組合費を納めていることにしないと組合ができないので、毎日のように飲み屋を飲ん

再開発された川崎駅西口

で回り、払った飲み代の中から会費を納めさせたりした。不在地主には手紙を出して、組合に入ってもらった。

そうした上で住宅公団と交渉し、当時の評価額の二倍で土地を買い取ることでまとめた。全部で千二百坪になり、それが、西口再開発の始まりとなった。ミューザ川崎シンフォニーホールが建っている所だ。その後、東芝がラゾーナ川崎プラザを再開発し、今では一日に十五万人が集まる、有名スポットになっている。

一九八九年（平成元年）、戦後六十年間手つかずだった川崎駅前の再開発を目指して、私は再開発組合組長に就任し、地権者の取りまとめを行うことになった。

十三年間かけた地権者への説得が実り、懸案だった駅前再開発に着工したのが二〇〇一年（平成十三年）のことだった。二〇〇三年（平成十五年）にはミューザ川崎や高層マンションが完成し、再開発計画が一区切りついた。市街地の土地の高度利用は必要不可欠で、再開発は大変意義のある結果になったと思う。

## ●川崎駅西口商店街をきれいに

ＪＲ川崎駅西口の再開発地区周辺の二〇一四年（平成二十六年）の地価上昇率は11・9％と全国の商業地で最高だった。一三年末に改装した大型商業施設「ラゾーナ川崎プラザ」は連日、買い物客でにぎわっている。

二〇〇六年（平成十八年）二月二十五日に行われたラゾーナ川崎プラザの起工祝賀披露会に、地元近隣商店街の川崎駅西口大通り会会長として出席した私は、「市内外から人が集まることを期待している。地域に人の流れができるように、共同で考えていきたい」と挨拶した。

私はミューザ川崎のシンフォニーホールは川崎の街になじまないと考え、現在、

にぎわうラゾーナ川崎プラザ

多目的ホールへの変更を模索している。行政は音楽の町としてアピールしているが、工場街だった川崎は雑多な人たちが集うので、様々な用途に使用されるものの方がいいと思うからだ。

こうした再開発の成功で、川崎駅西口大通りは見違えるほどきれいになり、前述のように地価も日本一の値上がりとなった。私が「日本最強の町内会長」と言われるゆえんだろう。もっとも、それは誰よりも汗をかくという意味で、威張って強引に物事を進めるという意味ではない。

# 3

# 私もホームレスだった

## ●福島に生まれ少年航空隊へ

私の生い立ちについて話しておこう。

私は昭和六年三月二十六日、農家の次男として、福島県須賀川市で生まれた。須賀川国民学校高等科を卒業後、十四歳で少年航空隊に入った。志願したわけではなく、親の命令だ。学校から五人ずつ選ばれ、福島県矢吹町にあった矢吹陸軍飛行場へ入った。

そのうち米軍機の空襲が激しくなったので、少年航空隊は裏磐梯に引っ越し、山の中で訓練していた。裏磐梯には韓国人の兵隊もいた。当時の韓国は日本に併合されていたから、日本国民として徴兵されてきたわけだ。

驚いたのは、どこかから捕まえてきた牛を丸焼きにしていたことだ。大きな火をたき、その上に、逆さにした牛の足を結わえて、棒に吊るしている。ブタの丸焼きは知っているが、牛の丸焼きを見たのは初めてだった。

飛行機に乗る三カ月前に終戦になった。出撃するとほぼ助からないので、命拾いをしたことになる。

戦後、昭和二十一年に福島県矢吹農事試験場に入学、二十四年に卒業し、実家で農業に従事した。

農業に励みながら、これを発展させるにはトラクターやコンバインなどの大型農業機械を導入し、規模を拡大するしかないと考えていた。牧畜にしても同じだ。しかし、そんな資金はない。

## 二十一歳で上京

私は迷いを吹っ切り、思い切って上京することにした。昭和二十七年一月のことである。

東京なら何か仕事はあるだろう。何でもやってやるぞ、という意気込みだった。

東京駅へ着くと、まだ焼け野原から回復していなかった。駅から出る気にもなれず、エイッとばかり再び電車に乗り、降りたところが川崎駅であった。これが運命というものだろうか、私が川崎と縁を結ぶ第一歩だった。

もちろん川崎も焼け野原で、今で言う東口へ出てあちこち歩き回り、やがて西口へやって来た。そして、ふと目についたのが小さな看板で、「金澤洋裁店」と書いである。私は目を疑った。だがまぎれもなく〝金澤〟である。

もしかしたら…一瞬、私の頭を兄の顔がよぎった「ここが兄の店ではないか…」。兄が東京で洋裁店を開いていることは知っていたが、川崎にいるとは知らなかった。

「ごめんください」

恐る恐る玄関を開けると、そこにはまぎれもない兄の顔があった。

「何しに来た……」

それが、兄の第一声であった。ミシンが十台ほどあり、小さな工場になっていた。

「遊びに来た……」

私は平気な顔でそう答えた。

「まあ、上がれよ……」

部屋に入ったが、私はその場の冷たい空気を察していた。

兄は私が仕事を探しにきたのを見抜いていた。手っ取り早いのは兄の仕事を手伝うことだ。

「洋裁の仕事など、おまえにできるわけはない」

私の心を見透かすかのように、兄はそう言った。それは当然だった。福島の田舎から突然やって来て、やれるわけはない。節くれ立った手、今まで見たこともないミシン、それに私にはあのガアガアいう音が我慢ならなかった。

「また来るよ……」

ひと言、そう言い残して私は外へ出た。あの冷たい空気、そして私を警戒するような兄嫁の目。金でも借りに来たのではないか、かまっていないで早く追い出せ……という合図を兄に送っている目であった。

実のところ、旅費はなんとかしたが、その時の私の財布には、たった八円しかなかった。なんでもいい、早く仕事にありつかなければと、自分に鞭打った。

## ベンチに寝て浪曲

それにしても、今夜はどこで寝たらいいのか。川崎はもう暮れかかり、一月の寒さが身にしみた。そんな私の目に入ったのは、駅前のベンチだった。

私は思わず「これだ！」と叫んだ。新聞紙を顔にかぶせ、そのベンチに横になった。寒い、とにかく寒い。今さら兄のところに泊めてくれとも言えない。私は歯をくいしばってうなった。ひと声、三声、思い切りうなった。と、その時、私の頭にあるアイデアが浮かんだ。そのうなり声が導いてくれたのだと今でも思っている。

私は突然、浪曲をうなりだしたのである。郷里で、蓄音機でよく聞いた『佐渡情話』である。

佐渡へ　佐渡へと　草木もなびく
佐渡は居よいか　住みよいか

繰り返しうなっていると、寒さを忘れる。まさに浪曲は私のあんかであった。こう書きながら、私は不思議な因縁を思う。今、私が「寿演友会」理事長になり、金澤一春斉を名乗って高齢者慰問の舞台に立つ、その出発点は、ここにあったのだと思う。

## プレス工になって初給料

私は負けずに、浪曲で寒さを払いのけて、とうとう朝を迎えた。が、さすがに腹が減ってたまらない。食堂に行く金もない。ぶらぶらと多摩川の土手の方へ歩いて行くと、パン屋があった。とたんに私の足は止まってしまった。パンのたまらない香りが私をひき止めたのだ。いや、もう足が動かなかったのである。

パンには十円の値がついている。私の財布には八円しかない。私は図々しくも言ったものである。

「このパン、八円にまけてくれませんか」

パン屋が言った。

「なにを言っているんだ。うちはこのパンを八円で仕入れて十円で売っている。八円で売れるわけがないだろう」

「じゃあ、半分を八円で売ってください」

「だめだ、うちはパンの切り売りはしないんだ」

私はその時、金の有り難さ、一円の尊さをしみじみと感じた。いい教訓だったと思うが、それはあとの話。

こんな話もあった。私がプレス工場で働いて初めて八千円の給料を貰った時、私はそのパン屋に行って、店のパン全部買い占めたのだ。パン屋の主人はびっくりした顔をしていた。そのパンを工場の皆さんにプレゼントし、残りは駅前のベンチの仲間たちに分け与えた。

胸がスーッとした。この気持ちは、読者の皆さんにわかってもらえるだろうか……。

ところで腹は益々減るばかり。なにか八円で買えるものはないかと、なおも多摩川べりを歩いていくと納豆屋を発見した。

しめた！　と思った瞬間、その値段を見ると、これも金十円也。

えーい！　当たって砕けろだ。

「その納豆八円で売ってくれませんか」

納豆屋はへんな顔をしていたが、

「あぁいいよ、八円で売るよ」と言って、私に、納豆を渡してくれた。

その納豆のうまかったこと。一粒食べては水を飲みといった具合に大切に頂いた。

ひと息ついて、なおも歩いていくと、ドッカン、ドッカンという音が聞こえてきた。なんだろうと思って近づくと、それはプレス工場だった。電灯の傘の何かを作っている。私にはよくわからなかったが、思い切って声をかけた。

「大分、忙しそうですね」

「あぁ忙しいよ……」

「ひとつ私に手伝わせてくれませんか」

「そうだな、機械がひとつ空いているから、やってみるか」

「お願いします……」

よくもまあ、機械のキの字も知らないくせに言ったものだ。私は真剣だった。

工場主は、私の目の前に機械を置いた。有り難いことに、それは簡単な仕事だった。よし、これならやれそうだとそれに取り組んだ。やがて昼になり、昼食の時間だ。

「あんたメシはどうする」

「何もありません……」

「じゃあ、残りものでよかったら、これを食べな」

出されたのが、茶碗に盛った雑炊。押しいただいて、夢中で食べた。そのおいしかったこと。今でも思い出すとよだれが垂れるほどだ。

これで空腹は克服した。そして夕食をご馳走になり、夜の十時までがんばった。

「お兄ちゃん、よく頑張るね」

お褒めの言葉を掛けてくれた奥さん手作りの雑炊をいただき、よし、これでいけると、私は自信をもった。

だが、寝るところは相変わらず駅前のベンチ。「社長さん、工場のどこかに泊まらせてください」とは一言もいわなかった。

こうして十日間が過ぎたころ、一週間分の手当てが支給された。二千円であった。上京して初めて手にした金である。よし、この調子で稼げば、早く金を貯めることもできるぞと、一人でほくそ笑んだものである。だからといって、旅館に泊まることなど考えもせず、相変わらずベンチに寝た。

## ●「ナット、ナット、ナットー」

ベンチは寒いから朝早く眼がさめる。工場へ行くまでには十分な時間がある。そこで私は、この時間の利用法を考えた。

そうだ、世話になったあの納豆屋に行ってみようと思いついた。そして直談判である。「私に納豆を売らしてくれませんか」

即座にOK。そこでまず三十個を一個八円で仕入れた。

「からしは別だよ、自分で作りな！」

からし作りなど簡単だ。乾物屋で粉を買ってきて湯呑み茶碗を借り、熱湯をかけて掻き回してハイ、出来上がり。自転車は買わずに、自転車屋から一日十円で借りて、さあ、納豆売りの始まりだ。

だが、私はなんともだらしがない。納豆売りには欠かすことのできない、あの売り声、「ナット、ナット、ナットー……」がどうしても言えないのである。

声が出ないからではない、恥ずかしいのだ。若い娘さんや奥さん連中に会うと、もう駄目だ。どうしても言えない。私も若かったのだ。でも、恥ずかしがっていては商売にならない。一大決心をして、多摩川の河原で発声練習をした。

「ナット、ナット、ナットー」

これでよしと、町へ出て行ったが、やはり駄目。人がいると言えなくて、人がいなくなってからその背中へ「ナット、ナットー」では、誰も買ってくれない。

自信喪失していると、工場の奥さんに聞かれた。

「あんた朝早いんだね、何してるの」

これまた恥ずかしいが、正直に言うしかない。

「ナット、ナットーの声が出せなくて、納豆が売れないんです」

「じゃあ、うちで買ってあげるよ」

と、やっと三個ばかり売れた。

こうして納豆商売は不発に終わったが、工場では大いに信用されて、機械も一台専用に預けられ、どんどん成績をあげていった。稼ぎ高は一カ月で八千円にもなり、そこでようやくベンチホテルからの脱出を考えた。

不動産屋を回って借りたのが、三畳ひと間で家賃は二千円也。ベンチで寝ていたことを考えれば、まるで御殿だ。ゆっくり手足を伸ばしてのんびりというところだが、私はそういかない。

あれこれ今後のことを考えたりしていたが、ふと思い出して、久しぶりに兄を訪ねた。それより前、私は故郷の父に手紙を出していた。「食べ物がないから米を送ってくれ」という内容で、その米がもう届いているはずだ。そう考えて兄を訪問したのだが、米はもらえなかった。

「米はないよ。食っちゃった」

兄はすましたものである。これは保有米で、本当はそう勝手に食べてはいけないことになっている。私は頭にきたが、他の目的があるから、そうしつこくは言わなかった。

その目的は、家を作ることについての相談であった。兄は、すぐ乗ってきた。

「じゃあ、おれが今掛けている殖産住宅を買えよ」

当時、日本は特定の企業を育成する傾斜生産方式がとられていて、庶民から集めた資金は、大企業に集中的に投下されていた。住宅ローンもないので、庶民が家を建てようと考えると、貯金をはたくか、親兄弟や親戚から借りるしかなかった。

そこで、毎月一定額を貯金すると、建築費の三分の一が貯まった時点で家を新築し、残りは月賦で払う、という手法を編み出したのが殖産住宅である。資金不足の消費者に歓迎され、またたく間に急成長していた。兄もその殖産住宅と契約していたのである。

よく聞いてみると、兄は掛金の支払いが滞っていた。その名義変更をして、私が掛金の支払いを続ければ、契約は継続できるということだった。

「大丈夫、家は建つんだな」

「はやりの殖産住宅の仕事で間違いはない。だから今までおれが掛けた分を、おまえがおれに払ってくれればいいんだ」

「よしわかった。今金はないから、少し待ってくれ」

「それはおまえひどいよ！」

「だって兄貴は、おれの米二俵も食っちゃったじゃないか」

すると、兄は素直に言った。

「それもそうだな……」

これで、手打ち。あぁやっぱり兄弟だなと私は思った。

そのうちに、私にもう一つの欲が出た。

「土地が欲しいな……」

今から考えると、これが私の会社「金澤土地建物」の芽生えとなった。

## ●選挙の応援演説で資金作り

家を建てるには土地がいる。土地が欲しいという思いが、私の行動に拍車をかけるようになった。当時の川崎地区は広々とした畑だらけで、私は目星をつけた場所へ出かけて行き、いきなり言った。

「土地を三十坪ほど貸してくれませんか」

地主は妙な顔をして私をしげしげと見て言った。

「あなた若いのに、土地などを借りてどうするのかね」

「家を建てるんです。一体土地を借りる値段はどのくらいするんですかね」

「坪三千円が相場だよ」

「えっ、三千円ですか」

ちょっと驚いてみせて、

「じゃあ、またあとで来ます……」

と、その場はひとまず引き揚げた。

坪三千円とすると、三十坪で九万円、これは大変だ……というのが実感だった。しかし、なんとしても欲しい、私は金を作ることを真剣に考えた。

そんな矢先、ちょうど神奈川県議会議員の選挙が近づいていた。よし、この選挙で稼ごうと思った。というと、何か悪だくみでもするように聞こえるかも知れないが、私が考えたのは、応援演説のアルバイトである。

私には福島県の弁論大会で第三位に入った実績がある。演題は「今後の農政はいかにあるべきか」で、これはラジオでも放送された。その時私は、自分の声が他人の声のように聞こえてびっくりしたのを覚えている。ま、それはともかく演説には自信があった。

早速、私は某候補者の選挙事務所へ行って自分を売り込んだ。無茶と言おうか、勇気があると言おうか、土地欲しさがそこまで私を動かしたと言おうか、思えば、そうした猪突猛進が私の本質と言えるかも知れない。

その時私は二十三歳。その気迫が私を今まで支えてきてくれたのだと思う。

演説に自信はあったが、福島とは違って大都会の川崎市だ。ひよっとして上がってしまい、文句を忘れたりはしないだろうか。実はその心配は的中したのである。その選挙事務所には、応演の神様みたいな大先輩がいて、私を採用してくれ、原稿を作ってくれた。

その内容は微に入り細にわたり、拍手をするところまで指定してあるが、私を困らせたのは、その文字である。達筆の筆文字が、私には読めないのだ。お願いして仮名をつけてもらい、必死になってそれを頭に叩きこんだ。

さて、応援演説の当日。いい調子でやり始めたが、最初の拍手のところにきた途端、次の文句をころっと忘れてしまったのだ。

ハタと困ったが、そこで中断するわけにはいかない。私はなにくわぬ顔で、また初めからやり始めた。ところが、二回目の拍手のところにくると、また次の文句が出てこない。そこでまたやり直し。結局、同じ文句を三回しゃべったのだが、聴衆は拍手喝采。選挙の応援演説なんて意外と中身は聞いていないもんだなと、ある意味で勉強になった。

だが、文句を忘れたのは私のミスである。その原因は、たくさんの聴衆を前にして、上がってしまったからだと気がついて、私はそれから上がらない訓練を始めた。それは映画館を利用するというアイデアであった。

私は映画館の最前列、スクリーンを背にして真ん中に立った。私の目の前にはお客の顔がズラリ並んでいる。映画が始まるとお客はスクリーンを見る。私は平気でお客に向かって演説するのである。もちろん声を低めてだが、私にはお客たちが、応援演説を聞きに来た聴衆に見えるという仕組みである。

こうして私は〝上がらない〟訓練をやり、選挙は順調に進んで、その候補者は当選してしまったのである。

さあ大変だ。次は当選祝いである。あちこちから酒が選挙事務所へ持ちこまれ、山をなした。

すると、応援演説の先輩が私のところに来て、タクシーを呼んでこいと言う。私がタクシーを呼ぶと、その先輩は当選祝いでもらった酒をどんどん積み込んだ。私と一緒に乗車して、ハイ出発。一体どこへ行くのか？　なんと着いたところは酒屋であった。

当選祝いにもらった酒を、酒屋に全部買い取らせるという早業。いや、そればかりではない。こんどは候補者の自宅にタクシーを走らせ、自宅へ届けられた当選祝いの酒を積み込んで、またもや酒屋へ。

こう書くと、なにかドロボーをしているようにも聞えるが、その大先輩の態度は堂々たるもので、こんなことは当たり前だという顔をしていた。それもそのはずで、候補者はこのベテラン応援弁士のおかげで当選したようなもの。候補者本人は、ただ口をもごもごご動かしているようなもので、とても演説にはなっていなかった。

大先輩の次に私が演説する。このコンビは絶妙だったと今でも思う。ところがこのコンビにもやがて別れがやってくる。なんと、その大先輩は、酒を売って得た金で、川崎競馬へ出かけたのだ。それも一人ではない、私を同志のように引き連れてである。

私はそれまで、競馬などやったことがない。ただ言われるままに、何番と何番と、馬券を買いに走った。だが、みんなはずれ、全部パーである。

私は考えた。このまま先輩についていったら、えらいことになる。手を切らねばならない……。私は思い切って「体の具合が悪い」と言ってお別れした。

先輩は、残念そうな顔をしていた。私を気に入って、あちこちの選挙でコンビを組むつもりだったらしい。確かに名が売れていて、この人に頼めば当選間違いなしという評価を得ていたという。これもまた人生、私はいい勉強をさせてもらったと思っている。

さあこれからだと、私は念願の家づくりにまい進した。選挙のおかげで、私は謝礼として三万円もらっていたから、例の土地を手に入れる金はなんとかなる。あとは地主を口説くことだ。ついに、地主も根負けして、坪二千円で貸してくれた。

二十五坪……よしこれで家が建てられる、私は土地の真ん中に立って、空を仰いだ。どんな家を作ろうか……例の殖産住宅の話も進んでいたから、早速交渉して、設計にとりかかった。

# 4

# 不動産業で身を立てる

## ●初めてアパートを建設

土地の手当てができたので、殖産住宅の担当者を呼んだ私は、家の図面を示した。もちろん素人の私が書きなぐったものだから、ちゃんとした図面ではなかった。担当者はそれを見て言った。

「何ですかこれは？」

「貸し家を作るんだよ」

「貸し家？」

二十五坪の土地に貸し家とは……。

「一軒の広さが三畳、それを一階に八軒、二階に八軒、計十六軒の貸し家だ」

「あぁ、貸し部屋ですね」

担当者はやっと納得した。今でいうアパートだが、当時はそんな呼び名はなかった。三畳間という発想も、あのベンチで寝た経験から来ていた。地方から出て来る若者たちにちょうどいい広さではないか。そして家賃も三千円とは手頃な値段だろう。

ところが、この計画にストップがかかった。いわゆる建築基準法に引っかかるのである。三畳は駄目だ、四畳半か六畳でなければ許可が下りないという。さて困った。四畳半は私の部屋にするからいいとして、六畳は借り手がないだろうと思ったとたん、ある考えがひらめいた。

「よし、六畳間にして、その部屋の真ん中に柱を一本立ててくれ」

私は、その理由を誰にも言わなかった。やがて竣工して検査と相成った。おかしな柱が部屋の真ん中にあるが、六畳は六畳なので、検査は合格。してやったりと、私は、その柱を支柱にして、六畳の部屋を二つに仕切ったのである。かくて立派な三畳間の部屋が出現。「ざまあみろ」と叫びたい心境だった。

だが、またしてもストップがかかった。隣家との間が三尺（90センチ）くらいしかないから火災の危険がある。よって外壁にトタンを張れという命令である。行政は固くて強い。

「トタンならなんでもいいんですね」

そう念を押しておいて、私が張ったのは焼けトタンである。それを見て行政が言った。

「汚いねえ……」

なにを言いやがる……は胸のうち、行政が帰ったとたんに、私は焼けトタンを引きはがした。

かくして木の香もすがすがしい木造新築が出現。私は少し離れたところから小手をかざして眺めやり、悦に入ったものである。二階が八部屋、一階が六部屋の計十四部屋、台所とトイレは共用のアパートができたわけだ。

今考えると、あれは私にとって一つの分岐点にも思える。土地は借りられた。さあ家を建てよう……という夢は、今でいうマイホーム願望につながる。ところが私にはそんな夢はなかった。まだ年が若く、独身、恋人なんかいなかったからだ……と思う人もいようが、私の心の奥には、どうしても消せない、あの駅前のベンチの夜が焼きついていたのだ。

田舎から出て来た若者たちは大した金は持っていない。彼らに住む部屋を与えようという思いが、こんな家を建てさせたのだと、私は心の中でひそかに大見栄を切ったものである。

実際、その時点で、私は不動産屋をやろうとは思っていなかった。当時もまだ私は、あのプレス工場で働いていたのである。だから、殖産住宅の掛金も払えたし、借りた土地の地代も、建てた家の部屋代で賄える計算だった。私は家賃を節約するため、アパートを出て幸区遠藤町に住んでいた姉の家の庭に小さな小屋を建てさせてもらい、そこで暮らしていた。

さて、この新築のアパートにお客を入れなければならない。私は不動産屋に頼みに行った。それでもなかなかお客はつかない。そこでまた私は考えた。

待てよ、権利金も敷金もなしということにして一部屋三千円で貸す、これはどうだ。計算すると、殖産住宅への支払いも十分間に合う。よしこれでいこう、と決めた。

## 私の不動産屋事始め

新築アパートを借りる人を探そうと、毎日のように不動産屋へ通って頼みこんだが、なかなか事が進まない。そこで、私はまたまた妙な考えを出したのである。

「よし、自分で不動産屋をやろう！」

と、声にまで出していた。そう決めた以上、もうあとには引けない。臆面もなく不動産屋に聞いた。

「不動産屋をやるにはどうしたらいいんですか……」

実は、プレス工の後、品川区の消防署長が兄の同級生だったので、立川の自宅に訪ね就職を頼んだ。その人は、消防は人が足りているが、警察が人手を探しているからと、警視庁刑事部長の秦野章さんを紹介された。秦野さんはそれからのご縁だ。

警官にはすぐに採用され、品川区の専売公社の隣にあった交番に派遣された。先輩に指導されながら仕事を憶えたが、酔っぱらいの喧嘩の仲裁や自転車泥棒の対策くらいで、あまり大した仕事はなかった。

交番の斜め向かいに不動産屋があり、毎朝のように道路を掃除していた。挨拶するうちに「お茶を飲みにいらっしゃい」と誘われ、寿司屋の大きな茶碗に、風呂敷に包んだ一升瓶からどぶろくを注いでくれた。黙ってがーっとのみ、「いやぁ、うまい玉露だね」と言った。

「朝から酒を飲んで、不動産はいい商売だね」と言うと、「一人で六人も養っているのだから大変だ」と言う。私は自分の食い扶持を稼ぐのが精いっぱいなのに、不動産はそんなにもうかるのかと思い、いろいろ話を聞いた。

「不動産をやるにはどうすればいいんだ」と聞くと、「法律を覚えないといけない」と言う。そこで、法律の本を貸してもらい、全部暗記した。

本を返して、「どんなことでも聞いてくれ」と言うと、あれこれ聞いてくる。全部答えると、「すごいね、あんちゃん！」となり、「これだけ覚えたらできる」と言われた。

当時、不動産業は届け出制で、宅建（宅地建物取引主任者）の試験が始まるのは昭和三十三年からだ。

不動産屋には、二十一歳では早すぎると言われたのだが、私は真剣だった。法律でも二十歳からやれることになっている。こうと決めたら、もうしゃにむに突っ走るのが私だった。

「不動産屋なんて〝千三つ〟と言われて、ろくな者はいないとなっているんだよ。やめた方がいいな」

「いや、やります。方法を教えてください」

「じゃあ、県庁へ行きな。そこで届けを出せばいいんだよ」

「県庁ってどこにあるんですか」

「そんなことも知らないのか、横浜だよ」

読者の皆さんは、私のこの頼りないやりとりを聞いてお笑いになるかも知れませんな。でもご本人は意を決して県庁へ飛んで行ったのである。

言ってみれば、これが金澤土地建物誕生の第二幕というところ。時は昭和二十九年、あのベンチのホームレス暮らしから二年後のことである。

## ●行政不信の芽生え

横浜の神奈川県庁へ行った時の私の目は、大いに輝いていたに違いない。当時の不動産業は届け出制だったから、書類さえ出せばよかったので、これは簡単だと思った。

「不動産業を始める書類をください」

担当者はいとも簡単に書類を渡してくれた。何枚かあったが、私は真面目に、ていねいに書きこんで翌々日、県庁へ持って行った。

係りの人が目を通す。あ、うまくいくかなと思ったとたん、私の耳を打ったのは

「なんだ、あんたがやるのかい」

「若いあんたには不動産業なんてできやしない。無理だ、やめた方がいい」

という言葉の砲列……

「私はやりたいんです！」

私の必死の言葉も聞き流すようにして、書類もそのまま、席を立ってどこかへ消えてしまった。

何か用事ができて席を立ったのだろう。だからすぐ帰ってきて話を聞いてくれるに違いないと、私はかしこまって待っていた。だが、一時間たっても戻らないのだ。私が行ったのは午前十時半ごろだが、十二時が過ぎ、とうとう昼休みも終わって一時になってしまった。

頭にきた私は、机をドンドンと叩いた。すると、やっと来たので、私は叫ぶように言った。

「一体、何時間待たせるんだ。早くこの書類を受け取ってくださいよ！」

それでも手を出そうとはせず、何やら細長い紙を広げると
「ちょっとこれを見てください」と言うのだった。それは不動産業者の名簿だっ

た。見ると、明治、大正生まれの人ばかりである。

「ほら、昭和生まれの人なんか一人もいないでしょう。若い人には無理なんですよ。やめた方がいいですよ」

またしても、「若い、若い」の一点張りである。

「昭和生まれはだめだという法律でもあるんですか！」

私が斬り込むと、

「いや、そんなことはないけどね」

「どこか悪いところでもあるんですか、よく書類を手に取って見てくださいよ。直すところがあれば直しますから」

この私の言葉が見事に効いた。「うーん」と言いながら、担当者は書類を手に取った。

しめた！　その瞬間、私はすかさず言った。

「受け取りましたね！　ほらちゃんと渡しましたよ！」

そう言うと、私は席を蹴って脱兎のごとく県庁を飛び出した。

そして一週間後、一枚のハガキが飛び込んだ。「申請許可の書類を取りに来てください」

うれしかった。涙が出るほどうれしかった。小躍りして県庁に行くと、書類を渡しながら、「昭和生まれはあなただけだから、くれぐれも気をつけてくださいよ」と、またお説教。まあ、ご親切に言ってくれているのだろうが、私にはなんだかバカにされているような気がしてならなかった。

「あ、それから一週間ぐらいしたら事務所を見に行きますから、電話や机などちゃんとしておいてくださいよ」

ほら、また始まった。「役所というところは、本当に形式ばかりでうるさいったらありはしない」とつぶやいたが、それはこちらの弱みをつかれた腹いせだった。

## 初めて兄に頼み事

実は、まだ事務所も、電話もなかったのである。

さぁ困った。こうなると、今まで兄に泣きついたことはなかったが、今度ばかりは頼み込んで、兄の洋裁店の一画を借りて事務所にするしかないと思った。

ところが、兄は怒った。

「おまえ、何をやるんだ」

「不動産屋をやるんだ」

「そんなものになったら、田舎のおやじに叱られるぞ！　不動産屋なんてやるやつにロクな者はいないんだ。事務所は貸せない。ちょうど他からも貸してくれという話があったが、断ったところだ」

私は父には手紙を出して、不動産屋をやりたい旨を伝えていた。父からの「おまえがやりたいことに反対はしない」というお墨つきは既にもらってあった。

これはもう兄貴を攻めるより方法はないと思った。攻める内容はいろいろある。私はついに矢を放った。尻をまくったのである。

みっともない兄弟のやりとりは書きたくないが、しかし書かなければ、真相が明らかにならない。私はこの本の中に洗いざらい打ち明けて、生きざまをさらしたい。だから、書かなければならない。

「兄貴よ、おれに貸さないなんてあんまりじゃないか。おれは今まで兄貴に金を借りたこともないし、なんの迷惑もかけてない。おれが田舎から出て来て顔を合わせた時も、あんたは、快く迎えるどころか、まるで追い出すようにして、あの寒空の下に放り出したじゃないか。おれは駅前のベンチで寝たんだ。だがおれは一度だって兄貴に助けを求めたことがあるか。それどころか兄貴は、おやじがおれに送ってくれた米を二俵もちょろまかしたじゃないか……」

私はしゃべりまくった。そばで聞いていた兄嫁の顔に変化が見えた。仕方がない、貸してあげようかという軟化の表情だった。

こうして、兄の家の玄関の一画を借りて、事務所を開くことができた。家賃は一カ月五千円也。

こうなると、早くこの事務所に私のアパートの入居者募集のビラを貼りたい。一日も早く部屋を貸したい……。だが、またまたストップがかかった。事務所を見て許可するまではビラを貼ってはならぬ、と行政のお声がかかったのである。

仕方がない。一週間も待たされて、やっと担当者が事務所を見に来た。

「電話がないですね」

「はい、今手続きをしております」

そう言うより仕方がない。

「電話が入るんですね。じゃあ二、三日して確認の通知を差し上げますから、それが届いたら営業を開始してください」

やれやれと私は胸をなで下ろすと同時に、おかしさがこみ上げてきた。案外あっさりと引き揚げたのは、また私にこの間のようにゴネられてはかなわんと思ったのに違いない。やっぱり怒鳴るときには怒鳴らなくてはいかんなと思ったものである。

私は今でも、間違ったことには臆せず怒鳴っている。一市民でも言うべきことは言わなければ、この国はよくならない。私に怖いものは何もない。

さて、いよいよ営業開始となったわけだが、事務所に貼り出す物件が、私のアパートだけでは商売にならない。そこで一計を案じた。

夜中に他の不動産屋の貼り紙をそっくりノートに書き写し、それを紙に書いて貼り出したのである。やはり物件が多いと客の目を引く……このへんのところが不動産屋をやるコツともいえるが、その貼り紙を見て客が次々とやってきた。

しかし、自分が扱った物件ではないから、勝手に取引するわけにはいかない。

「あっ、その物件はさきほど決まってしまって……」

そう言って、冷や汗を拭いた。

早いところ、独自の物件を探さなければいけない。それには信用が第一だが、それを邪魔しているのは私の〝若さ〟だと思い、口ひげを生やし、ベレー帽などをかぶって、さてどうやって交渉したらいいかを研究した。そして出来上ったのが、次の手法である。

①話のきっかけをつくる
②相手を褒める
③すぐに仕事の話は切り出すな
④何回でも足繁く通う
⑤どうやら気持が通い合って来たなと思ったら、仕事の話を切り出す

では一つ、参考までに土地を借りに行った時のことを書こう。

## ●人の心をつかむコツ

そこは、川崎市幸区南加瀬の大きな地主の家であった。立派な門構え、くぐり戸を開けると、いきなり犬がほえ立てる。見ると体は大きいが、雑種の汚い犬だ。ピーピーと口笛を吹いて、まず犬を黙らせる。犬の声で奥から老夫婦がこっちを見て

いる。「ごめんください……」と声をかけて、私が口笛を吹いたらピタッとおとなしくなった。

「いやあ、お宅の犬は利口な犬ですね。いやあ利口な犬だ」

そこの主人がすぐ乗ってきた。

「子供がどこからか拾ってきた犬でね……」

と言いながらニコニコ顔をほころばせている。

次に庭を眺めて、植木を褒める。褒めながら家に近づいて縁側に腰をおろし、この立派な植木はなんという名ですかと聞いたりして、つまり話を途切らせないようにするのがコツだ。

地主の人柄だろうか、いろいろ世間話をしていると、奥から奥さんがお茶を持ってきた。それをひと息にぐいっと飲んで、

「ああ、おいしいお茶だ。こんなおいしい玉露は飲んだことはない」

実は、そのお茶は出がらしなのである。

それを一気に飲むのがこれまたコツで、チビチビ飲んでは、うれしい態度が相手に伝わらない。私の飲みっぷりを見た奥さんは、もう一杯おかわりを持ってきた。

今度はちょっとお茶の香りがする。それをまたぐっと飲んで、

「ああ、おいしいお茶だ」

すっかり打ち解けた雰囲気になって、またひとしきり世間話を始めると、その頃になって初めてこちらのことを聞かれた。

「あんた、何をやってんの」

まったくのんきなもので、今とは大違い。思い出すたびに懐かしい。

「いやあ、ちょっと探しものをしているんでね」

その頃、土地を探しているなどと言ったら誰も相手にしてくれない。また地主たちは、土地を売ることは絶対にしなかった。だから借りるより仕方がない。だが、その思いは胸のうちに秘め、「またお邪魔します。どうもありがとうございました」。

そして三、四日あと、今度はお茶菓子などをぶらさげて「この間はどうも」と顔を出した。そこで初めてその地主さんは私に聞いた。

「あんたは何屋さんなんですか」

「いやあ、実は土地を貸してくれるところを探しているんですよ」

「あんた、不動産屋ですか、へーその若さでねぇ」

地主さんは、これまたびっくりした様子。前にも書いた通り、私はひげなどを生やしていたが、若いことに間違いはない。

私はおもむろに名刺を出した。

「誰か土地を貸してくれそうな人がいたら、紹介してくださいよ」

初めて本音を吐いた。すると、反応があった。

「そういえば、うちの親戚で土地を貸してもいいという話があったな。ひとつ行ってみるか」

これがとんとん拍子というものか、すぐさま一緒に出かけたが相手は留守。また出直すことにして、その日は別れた。

運が向いて来たぞ……私はほくそ笑んだ。確かに幸運はやって来た。再び訪ねた日、その地主は三十坪の土地を貸すことを約束してくれたのである。それは畑のすみの使っていない土地だったが、私がじかに行ったら決して貸してはくれなかっただろう。

さんざん犬を褒め、庭を褒め、お茶を褒めて、近づきになった地主さんの紹介があったればこそである。

さて、いくらで貸してくれるのか。

「坪二千円でいいよ」

飛ぶようにして事務所へ帰った私は、大きな紙をひろげると「貸し地三十坪」と大きく書いて貼り出した。

こうしてついに私は、土地まで扱うようになったのだが、そこでまた、土地を見せてくれと言ってくる人たちのいろいろな人間模様を味わうことになった。

土地を見せるために貸した自転車を乗り逃げされるという痛い目にも遭った。これはもうプロの自転車泥棒で、当時は多かった。戦後の混乱ぶりを象徴する一例ともいえよう。

次にまた見せてくれと客が来たが、私の警戒をよそに自分で自転車を都合し、土地を見に行った。そして、この土地が気に入って借りてくれることになった。

その客は、真新しい札を並べて契約書に判を押した。千円札も一万円札もない時代だったから、百円札を数えるのは大変だったのを覚えている。

うれしかった。初めての不動産の仕事である。私は、喜びと同時に、何ともいえない自信が体に満ち満ちてくるのを感じた。

私の地主へのアタックは成功したのである。他の地主たちも会合で話題にしてくれた。

「おまえの地所に家が建ったな。土地を貸したのかい」

「そうだよ、川崎の金澤土地という会社だ、よかったら紹介してやるぞ……」

有り難い話ではないか。私は地主さんたちに感謝すると同時に、責任を痛感し、何があっても信用第一でいこうと決心した。

〝千三つ屋〟とか〝不動産屋にロクな者はいない〟などという世間の悪い評価を拭い去らなければならないと思った。

当初は品川区の交番に通いながら、不動産の仕事をしていた。不動産屋だけで食っていけるのに、二年くらいかかった。そのうち不動産屋が忙しくなったので、秦野さんに辞表を書き、約一年半後に辞めた。紹介者がいるから辞めたらだめだと言われたが、警察では食っていけないのでと、何とか辞めさせてもらった。

## ●私の営業方針

ここで私の不動産業の営業方針について書いておきたい。

私の不動産業としての出発は、アパートに次いで建売り住宅の供給であった。当時はまだ農地法がなかったので、畑などをどんどん宅地にして、そこに住宅を建てて販売するという方法である。

自慢ではないが、これは当たった。すると、私のやり方をまねする業者が出てきた。農地がどんどん宅地に変わっていくので、これに歯止めをかけようと農地法が成立。農地を宅地にする場合は農業委員会の承認が必要となった。

私はその時、「あっ、これで建売り商法は終わりだな」と思った。今にして思えば、若造のくせに、よくもあんな素早い切り換えができたものだと思うが、いつまでも建売りにしがみついていたら発展はなかっただろう。

切り換えた私は、今度は家を買い集めたのである。と書くと、ははあ、安く買い叩いて高く売って口銭を稼いだな、と思う方もいようが、どっこい私が買ったのは古い家。それも、そろそろ寿命が尽きそうになった家ばかりである。

古いと言っても、よく見ると、まだまだ使える部分がある。たとえば柱や土台のところを生かして、改装するのである。古い家をそっくり壊してしまっては何にもならない。建築基準法に従って、初めからやり直しだ。

この再生方式、改装住宅は、何しろ原価が安いから、安い値段で売ることができる。お客は喜んで買ってくれた。

まあ、この商法も成功したというわけだが、これまた「若造のくせによくやりやがる」というやっかみを生み、まねる人が出てきた。

そのころ私は三十二歳。まあ、不動産業界ではちっとは知られるようになっていたが、まだ独身。ヨメさんの話が持ち上がっていたりしたが、どうも仕事の方が優先して、その気になれなかった。

私の取引銀行であった川崎信用金庫の工藤雄弘理事長が、信用金庫の店員を紹介してくれた。ハイハイと答えたものの、私はその女性の顔さえ記憶していないありさまだった。

ところが、縁というか、別の女性の話が持ち上がり、何とこれが具体化してしまったのである。

私が管理していたアパートのご主人の娘さんである。その母親からも再三頼まれて、ついに私は決心したという次第。当時、私は自分のアパートの四畳半に住んでいたから、すぐ結婚というわけにもいかず、翌年私は川崎市幸区南幸町に家を建てて結婚した。

## ●私の失敗談二つ

さて、私の失敗談を告白しなければならない。といっても、まあ若気の至りの出来事だが、それは不動産業者の総会でのことである。

私は所用で、少し遅れてその会場の料理屋に行った。ずらり並んだ業者たちの中央に、どっかり座っているご老人。この人が会長だったが、私が「遅れてすみません」と挨拶すると、フンといった顔で言葉が返ってきた。

「君、どこの若い衆かね」

「若い衆ではありません。金澤土地の金澤です」

「ふーん、あんまり聞いたことないね」

さあ、その言葉、その態度、私の頭に血が上った。私は少しばかり酒を飲んでいたが、この言い方の裏にある意地悪さを読み取ったからである。

会長ともあろう者が、金澤土地を知らぬはずはない、知っているのだ。それもかなりの営業成績を上げていることも知っているのに、満座の中でのこの言葉は許せない。

私はつかつかとその会長の前に行くと、いきなり胸ぐらをつかんだ。会長も私につかみかかる。さあ会場は騒然、やめろの声が起ったが、やめてたまるか。なおも押しまくると、唐紙が倒れ、これと一緒に会長ももんどり打って倒れた。

「あ、手が折れた！」

ざまあみろは心のうち、私は見向きもせず帰ってしまった。

しばらくして、幹事役の人が来て、とにかく「謝れ」というので、酒二本を持って謝りに行った。

今なら、暴力事件で私は警察のやっかいになった上に、損害賠償騒ぎになるところだったが、会長は私の謝罪を受け入れてくださった。あとはかえって仲良しになり、取引もバンバンやるようになった。

だが、私に反省がなかったわけではない。あんまりやり過ぎてはよくない。そんな思いもあって、取扱い物件をアパートや住宅から店舗に切り換えることにした。

こうした経過の中で、私が肝に銘じたことは、ブームに乗るなということであった。ブームに乗った仕事は、一時は華々しいが、やがて地獄に落ちるケースがほとんどである。

おかげさまで、川崎信用金庫に信用もついたから、ドンと借りてでっかいことをやれたかもしれないが、私はそんなことはしなかった。

そして二つ目の失敗。経営は順風満帆だったが、税金問題で思わぬ失敗をしてしまったのである。暴力事件とともに、私の失敗として告白しなければならない。

今では時効だから名前を出すが、相手は当時の八幡製鐵（今の新日本製鐵）の子会社である。

川崎市幸区綱島にある土地を坪一万五千円で三千坪ほどその会社が買うのを仲介したが、売った地主は「一万円で売ったことにしてくれ」と言ってきた。つまり裏契約である。

それが一年後に税務署に摘発され、そのあおりを私もかぶってしまった。実際は坪一万五千円で売った手数料をもらっていたのだが、地主の要望で一万円で売ったことにしたのだから、手数料も実際とは違うことになる。それがバレて、ごっそり追徴金を取られてしまったのだから、これはお粗末というより仕方がない。

これはこたえた。税金対策をしっかりしなければならないと、法人の「有限会社金澤土地建物」にした。それからはきちんと申告をして、びた一文もごまかさずに税金を納めてきた。

ところがどうだ。毎日のように新聞紙上をにぎわせている税金のごまかし。大企業をはじめ、政治家、プロスポーツ選手、芸能人が、まるで当たり前のように脱税している。腹が立って仕方がない。

## 悪徳弁護士に挑戦

こうして、ようやく安泰の日々を迎えられるかなと思った矢先、思いもかけない、事務所立ち退きの話が降ってわいた。私の店の繁盛ぶりを見て欲を出した兄嫁が、自分たちも不動産屋をやろうと考えたのである。

「家賃を上げるから居さしてくれ」とねばったが「駄目だ」という返事。仕方がないので駅の西口に小さな事務所を借りた。さあ、もう問題はないだろうと思っていたら、今度は兄貴がやってきて「おまえのところで二年間働いていたことにしてくれ」と言う。

その頃は、不動産屋を開く場合は国家試験に合格し、その上、二年間の実績がなければ駄目だった。私は、また兄弟愛に負けたとでも言うか、いろいろ文句を言ったあとでＯＫを出した。

これで一切のわずらわしさから抜け出すことができた。さあ再出発だと、女性の事務員を雇い、支店をＪＲ蒲田駅の東口に開設した。順風満帆の船出になるはずが、あろうことか弁護士と一戦を交えることになったのである。

蒲田駅東口に借りた店の二階が、山一證券の事務所だった。社員と顔を合わせているうちに、「川崎に事務所を開きたいので、土地を世話してくれないか」という話になった。

「どのくらいの広さですか」と身を乗り出すと、

「百坪は欲しい」と言う。願ってもない話だと、私は川崎駅の東口で候補地を三カ所選んだ。当時、あのあたりの相場は坪百万円であった。私が目をつけたのは、現在のさいか屋の通りの角地にあった三軒である。この三つを合わせると約百坪で、私が得た情報によると、三軒とも売る意思があるという。中心になってまとめてくれたのがT店だった。

私は早速交渉を開始、図面まで作って山一證券に手渡した。ところが、なんと蓋を開けてみると、私の金澤土地建物を素通りして、T店と山一證券が直接取引をしているではないか。

こんなベラボーな話はない。不動産業者を営めた行為である。私は怒って、調べることにした。謄本を取ってみると、山一證券は大神一という個人名になっている。山一證券の社長だ。個人名にはなっているが山一證券が買ったことに間違いはない。

私が出した書類や図面を受け取ったのは本社の総務部長だということもわかったから、時を移さず、本社に乗り込んだ。

あの大きな山一證券のビルは、私を威圧するかのようにそびえている。私は真っ直ぐに総務部長の机を目指して歩いて行った。多勢いる社員たちには目もくれず、部長の机の前に立つと、私はいきなり机をトントンと叩いて言った。

「あんたが総務部長かね」

「はい、そうです」

「あんたが総務部長だね」

重ねて言って、私はパッと名刺を出した。

それを見たとたん、総務部長の手がぶるぶると震え出した。

「あんた、私の顔を見てなんで震えているんだ！」

「あの、ちょっと待ってください」

まだ震えている部長に、私は大声を浴びせた。

「山一證券の川崎支店の土地は誰が売買したのか、はっきり言え！」

部屋中に響いた声に、びっくりした社員たちは総立ちになった。四、五人があわてて駆け寄る。一人が急いでどこかへ電話をかけた。

「あのう、ただ今電話をしましたら、うちの顧問弁護士がお会いしてお話ししたいということですが……私たちには何もわかりませんので」

「その弁護士はどこにいるんだ！」

「今車でご案内いたします……」

これが、幕開きであった。

その弁護士の名は、忘れもしない作田高太郎。衆議院議員あがりだった。

ここでも待たされた。きっと山一證券側と打ち合わせをしているのだろうなと思ったが、ひと言の断りもなく待たすとは何ごとだ。

私はまた秘書にどなった。

「弁護士を早く呼んでこい！」

その声を聞いたかどうか、マドロスパイプをくわえた男が現れた。黒ぶちのロイド眼鏡をかけた目が、小バカにしたように私を見た。

「君か、不動産屋というのは」

「はい、そうです」

「一体、いくら車賃が欲しいのかね」

ムカッと来た。

「私の名刺には、ちゃんと不動産会社と書いてあるだろう。タクシー会社じゃあない。車賃とはなにごとだ。それにあんたは自分の名刺も出さずに、勝手なことを言って、それでも弁護士かね」

ふふんと鼻先で笑うようだったが、やがて名刺を出しながら言った。

「お江戸の真ん中でそんな乱暴な口をきいちゃあいけないね」

「じゃあ、あんたはお江戸の真ん中の弁護士というわけか。全国どこでも法律は同じだ。私は不動産屋として、山一證券川崎支店の用地の仲介の労を取ったから、その手数料を貰いに来たんだ」

「あぁ、そうか、そうか。じゃあ、いくらか包んでやれや」

秘書に向かって言っている。

「ふざけんな！　いくらかとはなにごとだ」

「そうか、それで悪けりゃ裁判にしよう」

切り札のつもりで言ったのだろうが、どっこいそれでおじける私ではない。

「結構だ。裁判ではっきりさせよう」

と、受けて立った。

## ●テープレコーダーで証言を取る

ちょっと話が長くなったが、この件について私は、はっきりと書き残しておきたい。

裁判で「この件について、金澤土地に仲介を頼んだおぼえはない」と弁護士は言った。「では誰に頼んだのだ」という問いに相手ははっきりと答えた。

「川崎の川崎信用金庫の理事長に頼んで仲介の労を取ってもらった。だから金澤土地に手数料を払う必要はない」

私は、裁判が終わるのももどかしく、その足で秋葉原に飛んで行ってテープレコーダーを買った。当時の製品は、かなり大きく、ずしりと重かったが、それを大事に抱えて、川崎へ戻った。

川崎信用金庫本店へ飛び込むと、女子社員に理事長室へ案内させた。

実は、理事長と私は初対面ではない。それどころか、理事長は私に嫁さんを世話すると言ってくれたほどの仲である。女子社員の中から、「どうだあの子は。よかったら見合いしてみろよ、と再三にわたって言ってくれていた。私は仕事に夢中だから、いいかげんに聞き流していたのだが。

しかし、この場合はそんな旧知の仲などと言っておれない。私は部屋に入るなり、テープレコーダーを机の上にドンと置いて、スイッチを入れた。理事長の顔を真っすぐに見て、

「理事長！」思いがけない私の声に、理事長は面くらったような顔をした。

「金澤さん、なんだね、きょうは……何をそんなに腹を立ててるんだ」

「きょうは重大な事で来たんだ。ケンカになるかもしれません！　声もでかいから、そのつもりで聞いてもらいたい」

早くもケンカ腰である。

「どうしたんだ、一体何を怒っているんだよ」

理事長がけげんな顔をするのも道理で、私はまだ本論に入っていないのだ。しかし、はっきり言って私の腹の中は煮えくりかえっていたから、いきなり一発かましたわけだ。

「理事長はいつから不動産屋になったのかね」

私の第一声はこれだった。

「不動産屋？　ぼくは金貸しだよ、不動産屋をやるわけはないだろう……君。一体なんのことなんだよ」

そこで私は、あの弁護士が言った山一證券川崎支店の仲介の一件を話した。

「あなた、本当に仲介の労を取ったのかね」と詰めよった。

今考えると、よくもまあ、一介の若造が信用金庫の理事長に噛みついたものだと思うが、その時の私としては死活問題。いや、男のメンツ、さらに言えば全国の不動産業者の名誉のために……と斬り込んだのだった。

結果は、私の勝利であった。理事長は仲介の労を取っていないと言明し、裁判の時に証言するということになったのである。

私もしつこかったな。いや、用意周到だったと思ってもらいたい。

「今の話は全部、このテープレコーダーに録音してありますからね。理事長の言われたことは間違いないんですね。わかりました。どうもありがとうございました」

そう言って、テープレコーダーを止めた。

これで証拠はそろい、裁判は見事な勝利となったのである。裁判官は私がテープレコーダーを持ち込んだことに文句をつけたが、私の押しと熱意と正義の信念が実を結んだのである。

「そのテープレコーダーで十分です。改めて証人を呼ぶ必要はありません」

私は心の中で拍手をし、ざまぁみろと弁護士をにらみつけ、高らかに勝利の凱歌をあげた。

かくして、山一證券からの私に対する仲介の手数料は支払いが確定された。次は、売り渡した三者からの手数料である。これも裁判にかけた。

ところが、仲介の労といっても、ただ図面を渡しただけではだめだという裁判官の説明である。女性の裁判官だったが、この人は少し勉強不足だなと思った私は、ちゃんと判例集に載っている個所を赤線を引いて見せた。

私はさらに、山一證券との裁判の判決文を出して、私の得意のテーブル叩きを交えながら言った。いや、怒鳴ったといったほうが正しいかもしれない。

「こんなふうに、ちゃんと決定しているのにあなたはなぜ手数料は出せないというのだ。それでも裁判官か！」

私の勢いに、彼女はとうとう泣き出してしまった。あんまり感心した場面ではないが、そんな一幕があったことを、今白状する次第だ。結果としては、ちゃんと手数料は取ることができたのだが、この裁判を通して私が感じたことは、裁判というもののいい加減さ、弁護士の嘘、法律の抜け道を利用して多くの弱者が泣かされているのではないかという不信の念だった。

私がこの裁判で弁護士を頼まなかったのも、この不信の念からであった。私に言わせると、弁護士は大変な小説家である。作家は創作するのが命だが、弁護士に嘘八百を創作されたら、庶民はたまったものではない。

古い話で恐縮だが、この私の体験が役立ったら幸甚である。

## ●行政は悪代官だ

行政についても言いたいことがある。一般市民がわかっているようでわかっていないのが行政で、はっきり言えば、それをいいことに、行政はやりたい放題のことをしている。その方便に使われているのが法律である。

建築基準法、消防法、国土利用計画法などたくさんあるが、たとえば国土利用計画法はどんな風に使われるのか。簡単にいうと、三十坪以上の土地の値段をこの法律で押えつけ、行政が値段をつけるというやり方だ。その狙いは、土地の値段を上げさせないようにするためである。

そもそも土地というものは、利用者と供給者の合意によって需給のバランスが取れるものである。それを国土利用計画法という一片の法律で規制するとなると、これは大問題だ。日本の経済を左右することになるぞと、私は思った。いや、怒ったという方が正しい。

考えてみると、土地が欲しい人は高くても買うが、欲しくない人はいくら安くても買わない。これでバランスがとれているのに、行政が規制すると土地は動かなくなってしまう。従って金も動かなくなる。そうなれば税金収入も減少してくる。

税金収入が減れば、その不足を補うため、住民税や所得税が値上がりしてくる。一般市民の生活が圧迫されるという悪循環をくり返すことになる。行政はそんなことがわからないのかと叫びたい。

さて、もう一つ例をあげてみよう。それは福祉行政についてである。中でも生活保護、これに使う金額は莫大なものである。その実情をいえば、〝働かないで生活費の援助を受ける〟というのが実態だ。最もでたらめなのは母子家庭の支援で、夫が嫌いになったからと勝手に離婚して、平気な顔で母子手当てを受け取り、夜はバイトで稼ぐというありさま。川崎市の場合、約三万人いる。一人二十万円として一カ月六十億円がぶっとぶわけだ。

なぜこんなバカなことをやっているのか。種を明かせば行政の人気取り政策なのである。市長も議員諸公も、公務員の皆さんも「福祉」の二文字をかかげていれば

「あぁ、よくやっているな」という印象を与えることができると思っているのだから、何をか言わんやである。

そして、本人たちは、不祥事さえ起こさなければ、給料と退職金、年金をもらえるので、死ぬまで安泰である。苦労するのは我々みたいに朝から晩まで、日曜も休まずに働いている人たちだ。いや、働くのは結構だ。だが働き甲斐のない、規則を作られたのではたまったものではない。

それればかりではないぞ。私は新聞報道の切り抜きを丹念に保存しているが、なんと、空出張、視察と称しての観光旅行などで湯水のごとく金を使っている。その金は我々の血の出るような税金だ。

私は、ここで、そうした行政に対して一つの言葉を捧げたい。「悪代官」の三文字だ。いや、その行政とつながっている議員諸公にも捧げたい。

さらに考えなければならないことは、これらの〝悪代官〟の数が多過ぎることだ。現行の半分で十分にやっていける。今の日本は、まさに役人天国である。

一人で用が足ることとでも四、五人ぞろぞろとやって来る。大変念の入ったことだが、そのあとがいけない。ちゃんと出張手当を取っているのだ。給料をもらっているのだから、手当てなどいらないというのが本筋ではなかろうか。このように税金の無駄使いはいたるところで行われている。

さて、その税金の取り立て方だが、これまさに〝悪代官〟方式だ。その一つは資産税である。これは税務署の勝手な見積りで払わせられる。建物をつくるには、国や地方自治体からは一円も貸してくれず、市民は銀行から高い利息を払って借り入れ、建物が完成すると同時に資産税を余儀なく課される。資産税、市民税は言いなり、待ったなしである。

土地建物の評価価格を勝手に上げるが、土地が下がっても資産税を下げない。議員の方々は一度バッチを外し、役人は役所を辞めて自分で経営をし、税金を払ってみたら、国民一人ひとりの苦しみがわかるに違いない。

また、予定納税についても納得できない。税金というものは一年間働いて、その収入により自己申告するものであり、所得がどうなるかわからないのに予定納税として先取りするのはおかしいではないか。

あとで清算するとしても、収入がない場合、その税金を支払う金をどこから工面したらいいか。この予定納税という悪法は絶対なくしてもらいたい。

## ●駅前に自社ビルを

話はさかのぼるが、三畳のアパートが成功すると、次には四畳半のアパートを建てた。経済成長に伴い、川崎の人口は増え続けたので、アパートはすぐに埋まった。経済成長の波に乗って、金澤土地建物も成長していったわけだ。

川崎駅西口大通りに面した金沢ビル

いろいろな物件を売ったりして、川崎駅西口大通り沿いの古い建物が建っている土地を買った。そこに一九八五年（昭和六十年）に金沢ビルを建設し、一部を賃貸するとともに、自らの活動拠点を確立した。十階建てにする予定だったが、当時は住宅地域だったため、日照権を問題にする人がいて五階になった。

その後、区役所に交渉して、商業地域に変更させた。商業地域にすると地価が上がり、固定資産税が増えるとして、これにも反対があったが、何とか地元をまとめることができた。他にも川崎市内に四棟のビルを所有し、経営している。

# 5

# さくら治療院・東洋療術学院を開設

## ●西洋医学への不信

その後、私はぜんそくになったのがきっかけで治療院を開いた。人生のマイナスをプラスに変えるのが、成功の秘訣の一つだ。

川崎駅西口大通りの街路樹は、桜の前にはプラタナスが植わっていた。実はこのプラタナスと私には人生を左右するような因縁がある。

それは、町内会で盆踊りを企画したことから始まる。派手好きの私は、街路樹のプラタナスに提灯をつけて、通りを照らそうと考え、木に登って作業に取り掛かった。すると、木が揺れた瞬間、何かが私の口の中に飛び込んできて、思わず咳をする。一回、三回、四回……なかなか咳は止まらない。一体、どうしたんだ、何がのどに入ったんだと思いながら、その夜はコンコン咳をしながら寝た。

翌朝、もしやと思って、昨夜登ったプラタナスの葉をとってみると、緑もあざやかに輝いている。眺めながら、ひょいと裏を返すと、なんとそこに無数の毛ばがあるではないか。それが風で飛んで、その何本かが私の口に入り、のどに刺さったのだった。

あわてて医者に行ったが、どうしても咳は止まらない。そのうちに町会のお祭りになった。お神輿をかついでねり歩くわけだが、ワッショイ、ワッショイと力を入れると咳が出る。いやそればかりではない、下腹部がおかしくなった。脱腸である。これには困って、神輿をかつぐのをやめて家に帰った。

翌日、病院に行くと「ヘルニア」という診断。

「これは手術すればすぐ治る」と医者は言う。

だが、それより先に咳を止めてもらわないと、せっかく手術したヘルニアが、咳のために再発するのではないかと思って、私は咳の治療を優先することにした。

「その前に咳を止めてください」とお願いし、咳止めの薬をもらって飲んだが、これが大変な薬で、口がねばって話も出来ない状態になってしまった。水を飲んでなんとかしのいだが、とにかく治してもらいたい一心で医者通いを続けた。

しかし、行くたびに五万円払わされるのには参った。実は私は健康保険に入っていなかったのだ。当時の最高額で月六万円だからもったいないという思いと、自分の体は丈夫だからという自信で加入しなかったのである。ふと後悔の思いもあったが、今はそんなことにかまってはいられない。なんとかして咳を治さなければならないと、あちこちの医者にかかったが、全然治らない。
ついに私は、西洋医学を見限った。

## ●白井明博士と運命の出会い

東洋医学ではどうだろうかと思い、いろいろ調べて漢方薬をしこたま買い込んだりしたが、やっぱり駄目。長いこと飲まなければ治らないというので、これもやめた。次は針治療をしたが、これも効かない。必死になって資料を調べるうちに、ふと目にとまったのが、大阪の「白井物理医学研究所」だった。大変評判のいい先生がいるという。よし、これだと私はすぐさま新幹線で大阪へ飛んだ。

ところが、大阪は初めてなので、地理がさっぱりわからない。一日中歩き回ってやっと探し当てたときは、もう夕刻であった。

「ごめんください」

声をかけると、奥さんが玄関の戸を開けてくれた。とたんに私はびっくりして後ずさりしそうになった。正面にチンパンジーが立っているではないか。ご主人がかわいがっていたのだろう、奇妙な声を出したが、あれは私への挨拶だったのかもしれない。

「どうぞお入りください……」

これは奥さんの声。招かれて私は少しかたくなりながら先生の前に座った。白井明博士との運命の出会いであつた。私は、懇願するように、咳とヘルニアの症状を訴えた。

「先生、どうか治してください！　どこの病院へ行っても治らないんです」

先生は黙って聞いている。その顔には、落ちついた気品と、「治してあげるよ」という自信と優しさが見えた。

奥さんがお茶を持って来た。同時に私は持参したウイスキー二本をテーブルの上に置いて言った。

「先生、一杯やりましょう」

「あぁ、ぼくも大好きだよ」

うれしい返事に、私はすっかり調子づいて言った。

「奥さん、コップを二つ持って来てください」

二人で飲み始めると、奥さんがおつまみを作って出してくださった。そのとき思い切って奥さんに言った。どうも言葉の調子が、尻上りの福島弁だったからだ。

「奥さん福島でしょう。福島のどこですか」

「須賀川ですよ」

まさに奇遇である。ひとしきり故郷の話に花が咲いて、やがて治療となった。その方法については後でふれるが、なんだかヘルニアの気配がなくなり、咳も出なくなった。

「礼なんかいいよ、ウイスキーもらったから」と、気さくに言う先生に治療代をおいて、タクシーを拾って新大阪駅まで飛ばした。

やっと間に合ったが、もし乗り遅れたら、きっと先生は「君泊っていけよ」と言ってくれたに違いない。そんな優しい先生の心が私をとらえていた。

## ●東洋医学で治った

こうして家に帰った私は、まさに奇跡ともいうべき体験をしたのである。その夜はぐっすりと寝られ、咳はひとつも出ず、翌朝も出ず、一週間過ぎても咳は出ない。こんな裏切りならうれしいぞ。あぁ先生の治療が効いたんだ。ヘルニアもなんともないではないか。私はうれしさのあまり、両手を広げて空中に舞った。

そして早速、白井先生に電話を入れた。

「先生！ 治りましたよ、治りましたよ。先生のおかげです！」

私は電話口で、大声で叫んでいた。

なんとも言えない感動だった。この喜びを一人占めしていいのだろうか。できることなら、多くの人たちの悩みを消してあげたい。ぜんそくで困っている人は多いはずだ。

その思いが、またまた私を大阪へ飛ばせたのである。

一体どうして、あんなに簡単に私の咳とヘルニアが良くなったのか、それを知りたかったのである。お礼もそこそこ、私は先生に言った。

「先生どうか教えてください。何年かかってもいいからぜひ勉強させてください」

だが先生のＯＫは出ない。私はどんなことがあっても願いを聞いてもらいたいと思い、それは先生のふところに飛びこむことだと思い、しゃべりまくった。

「先生の奥さんも私と同じ須賀川生まれだ。偶然とは言いながら、これも何かの縁だと思いますよ。私はこのままでは帰れません。今夜はどこか料理屋へでも行って飲みましょう」

私の誘いに、先生はついに乗った。

「じゃあ道頓堀へ行こう……」

こうして大宴会が始まった。料理屋へ行って知ったが、先生のモテることモテること。きっと彼女たちの命の恩人なのに違いない。

## 白井博士の弟子になる

その夜、私は先生の家に泊めさせてもらい、さて翌朝、私は改めて懇願した。

「一週間に一度、土曜日に来て日曜日に教えていただくことにして、三年間勉強させてください。私は頭が悪いからすぐには覚えられませんから……」

昨夜は、酒の勢いで弟子入り話をしたくらいに思っていたらしい先生も、これには参ったようだった。

「本当にあんたは変わった人だ。よし気に入った。教えてあげよう」

私は外へ飛び出して銀行へ走った。金を引き出してきて先生の前に置き、

「先生、これは三年分の月謝です。前もってお払いしますから、よろしくお願いし

ます」

まあ、私もよくやったもんだと思う。当時としては立派な家が買える金額である。出された先生もびっくりした。これはますます本気だと認められ、先生と弟子の絆がしっかりと結ばれたのだった。

先生の治療法は、磁石で病気を治す方法である。私は先生の助手のような立場になり、治療の現場で勉強させてもらった。

## 白井博士のロマンス

東洋医学といえば中医学の中国が本家で、白井先生も中国で学んでいた。当時は一介の白井青年だが、私はその時のロマンスを聞かせてもらった。これぞまさに愛が育てた医学修業。ぜひそれをここで書かせてもらいたい。

中国の上海が白井青年の目的地だった。船出したのは新潟港。発つ人、見送る人、異国へ一緒に行く人たちは、自然に人なつかしくなっていた。

「あんたも上海行きですか」と、一人の年配の男性に声をかけられたのが、この話の始まりである。

その人は、見送りにきた若い女性に「おじさん」と呼ばれていた。三人で話がはずむうちに、「あんたも上海へ行かないか」ということになり、彼女はついに船にとどまる。やがて船は出て、期せずして三人旅になった。

実は、この女性が、白井先生の奥さんである。こうして若い二人は上海で針と灸を勉強し、大阪へ帰って開業、結婚した。たちまち評判になり、患者が門に列をなす繁盛ぶり。

ところが、これを見た医者や他の業者が、保健所に「免許を持たないで治療している」と密告したのである。よくあるやっかみからだ。

その時、一大奮起したのは奥さんである。「私が針灸の免許を取りますから、あなたは博士号を取りなさい」と、一切の仕事を引き受け、ご主人の論文執筆に協力したのだった。

弟子の私も、うかうかしてはいられない。もっと真剣に修業しなければならないと思った。

## ●「気功」を開発

ある日、その思いが、ふとしたことから実を結ぶことになる。それは飲み屋でのことだった。隣りに座っていた女性が、足が痛くてトイレに行くのも辛いと嘆いている。私がその痛いところに手を当ててあげると、二、三分たってから、女性がへんな顔をして言った。

「あら、不思議、痛みがなくなったわ」

私も不思議だった。その時思い出したのは、子供のころ、腹が痛い時、母親が腹をさすってくれたことだ。すると、しばらくして痛みがとれたのである。

「あぁ、これが気というものだ」

この不思議な体験が、私が気功を開発するきっかけになったのである。

「よし、もっと研究してやろう」

その思いが募って、今度は横浜市鶴見区にある、東洋物理医学の「長生学園《ちょうせい》」へ入学することになった。

こう書くと、本業の金澤土地建物の仕事や、当時就任していた川崎駅西日大通り会会長としての仕事など、ほったらかしにしていたように思われるかもしれないが、私はそんな怠け者ではない。長生学園には幸い夜間部があったから、私は昼間はしっかり働いて夜は学生になったのである。

しかし、それにしても、いろんなことに手を出したものである。ちょっとおもはゆいが、川崎駅西口大通りに「さくら治療院」「東洋療術学院」の看板を出しているのだから、やはり書かないわけにはいかない。いや、それどころか、私がどんなふうに勉強したか、研究したかをお話しするのは、多くの患者さんに対する私の義務でもある。

## 懐かしい長生学園

長生学園は正式名称が宗教法人総本山長生寺附属長生学園で、浄土真宗を基盤とした独自の脊椎矯正（整体）による治療法を行った浄土真宗の僧侶によって創始された学校である。「長生」は長生きの意味に受けとられがちだが、親鸞の「教行信証」にある「大信心は則ち是れ長生不死の神方」という一節から取ったもので、「悟りを開き、永遠に魂を生かす」という宗教的な願いが込められている。

長生医学は「脊椎矯正」「精神療法」「プラーナ療法」の三位一体の治療法によって病気の原因を取り去り、自然治癒力を発揮させることにより、肉体と精神を健全に保つことを目指している。学園は東京都大田区蒲田仲六郷と、当時は横浜市鶴見区にもあり、私は後者に通った。

ところが、入学願書を出す段階で早くもトラブルがあった。高校の卒業資格、戦前なら国民学校高等科の卒業証書がないと、入学願書を受け付けられないというのだ。

私は途中から少年航空隊に入ったので、卒業証書をもらった記憶はないが、卒業したのは事実だ。そこで、福島県の須賀川市立稲田小学校（戦前の稲田村の国民学校高等科）に卒業証書の発行を頼んだのだが、終戦の混乱で記録がないという。私は同級生の名前まで挙げて事実を証明した。そして、やっとの思いで証明書を手に入れ、長生学園の入学願書しめ切りに間に合わせた。

さあ、いよいよ入学試験だ。受験生を見ると、大学を卒業した者や、高校卒、社会人もいたが皆若い。私はこいつらに負けるものかと腹の中では思ったが、実際のところは、試験なんて初めてだから、ちょっとハラハラしていた。問題は案の定難しいのばかり。いいかげんに○×をつけて出した。

それから口頭試問だが、これがまた問題である。

「君はどういう考えでここに願書を出したのかね」

「ハイ、私はぜんそくをわずらって、どこの医者に診てもらっても治りませんでした。東洋医学の先生に診てもらったら、ピタリと治ったので、これはすごい、もっともっと東洋医学を身につけ、世の中のためになりたいと思って志願しました」

ところが結果は不合格……。

いろいろ考えてみると、実は私の態度が悪かったのだと思う。態度がデカかったのだ。他の受験生たちは、ちゃんとかしこまって座っていたが、私は大股広げてふんぞり返るような座り方。

時に私は三十七歳。小なりといえども、会社の社長だ。それに、東京湾横断道路期成会を設立したりして、一端の社会人。青二才とは違うぞといったものが、自然と私の態度をデカく見せたのに違いない。

私はあとで大いに反省したが、しかし不合格だからといってそのまま引き下がってはおられない。私は長生学園に入りたい一心で受験したのだ。早速、学校へ飛んで行った。

「どうして不合格なんですか。どこが悪いんですか。私はなんとしても入りたいんですよ。何か方法はありませんか」

私は必死だった。すると幸いなことに二次試験があるというではないか。よし今度こそと、また願書を出した。

今度は合格だった。

「ようし、やるぞ！」

私は、その志の灯を消さず、二年間頑張った。一日も休まず、午後六時になるときちんと席に着いていていた。

## 不良学生をとっちめる

こうして私の学生生活は始まったのだが、またもや問題が生じた。学生たちの勉強態度がまことに悪い、先生の講義はそっちのけでしゃべっている。業を煮やした私は、ついに三人の学生を外へ引っ張り出した。

最初は抵抗を示していた三人も、私のけんまくにびびってしまった。自慢じゃないが、私が怒り出すとすごい。手こそ出さないが、割れるような大声でどなりつける。

「一生懸命勉強している他の学生たちのことを考えたことはないのか。おまえらのために、せっかくの先生の講義が聞こえなくなってしまうではないか。これからは気をつけるかどうか返事をしろ。返事次第では学校に話して、おまえら退学させるぞ。どうだ！」

学生たちは、ピョコンと頭を下げた。だが、これでやめては、私の流儀に反する。飲み屋へ連れて行き、「話がわかったら、大いに飲め」とばかりに盃を酌み交わした。そしてまた、懇々と説教した。これはどうやら身に染みたらしく、それから三人は真面目な学生になった。そればかりではなく、他にもいた不良予備軍までおとなしくなったのである。

校風一新というほどではないが、そのうちに学生たちの自主性を活発にするために委員長を選挙で選ぼうということになり、私が当選してしまった。

「昼間の仕事関係で長の字がつく仕事は一杯やっている。学校でまで長とはやりきれないから、勘弁してもらいたい」

と辞退したが、やり直しの選挙でも当選してしまった。運の尽きだと思い、三つの条件を付けて引き受けた。それは、

①副委員長は私が決める

②役員を決める

③役員会で決定したことは必ず守る

「これでよければ委員長を引き受ける」と言うと、とたんに教室に拍手が鳴り響いた。

当時、学校当局は、こうした一部の学生たちに手を焼いていて、このままでは学校の存亡にもかかわると頭を悩ませていたということを、あとで聞いた。私はちょっとやり過ぎたかなと思いながらも、委員長を引き受けたのである。

## 五箇条の御誓文

もう一つ、笑い話をつけ加えておこう。それは二年間の勉強が終わって、いよいよ晴れの卒業という時の話だが、また私の世話焼きぐせが出た。それまで卒業写真は白黒であったのを、私がカラー写真にしようと言い出したのである。形も四角で

はなく円形にする。一生に一度の晴れがましい卒業写真は、宝物でもある。

ところが、反対者が八人いた。値段が高いというのである。知り合いの写真屋に作らせ、七千円くらいだった。

「よし、それじゃあ、あんた方の卒業写真は私が預かっておくことにしよう。金ができたら取りに来てくれ。ただし、その時は七千円じゃあ駄目だよ」

酷な言い方だが、私の気持ちには、民主主義というものを知ってもらいたいという思いが込められていた。

民主主義といっても、戦後のひとつ覚えのはやり言葉ではない。明治天皇の五箇条の御誓文の「広く会議を興し万機公論に決すべし」という立派なお言葉がある。これこそが民主主義の大本だ。私はこのお言葉を胸に頂いて、いつも会議などを進めているが、その時は、声も朗々と歌い上げるように言った。

大多数の学生がカラー写真に賛成しているので、八人の反対でやめるわけにはいかない。「どうする?」と聞くと、八人は小さな声で言った。「賛成します……」

これで一件落着。今では懐かしい思い出となったが、その時の私は、それこそ私情を超えて活動したと自負している。学校側も評価してくれ、卒業後も、何かあると私に相談するという関係になった。私はいつの間にか「泣く子も黙るおっかない金澤先生」という呼び名を頂戴してしまったが。

今、その母校の玄関に記念の額が掲げられている。「祝・飛び立ち上がれ長生学園・金澤義春」。その両脇にはキジのはく製を懸けてある。私のせめてものご恩返しの印である。

こうして、長生学園で学び、やがて国家試験にも合格して、療術師をはじめとする免許を頂いたわけだ。ここで私は、この「免許証」の問題点にふれてみたいと思う。

## 実力のない免許証

白状すれば、私が長生学園に入ったのも、この免許証が欲しいからであった。大阪の白井先生の例もあるが、免許証と実力とは必ずしも一致するものではない。それどころか、免許はないが実力は上、どんどん病気を治してしまうという実例がいくらでもある。

また自慢話のようになるが、私が長生学園の生徒の頃、先生方の肩こりや腰痛などを治してあげたものである。白井先生のところで修業したから、これはわけはないが、しかし免許はない。大っぴらには営業できない立場である。

もう少し実例を申し上げよう。川崎には夜働く女性が多いので、その人たちの子供を預かる「ベビーホーム」を開いたことがある。その時、そのビルの三階に作ったのが「さくら治療院」だが、当時私はまだ免許がなかったから、免許のある二人の療術師を雇っていた。

ところが、患者から不平が出た。あの二人の先生の治療を受けてもちっともよくならないから、院長先生にやってもらいたい。院長先生にやってもらったらすぐよくなったと評判だから、ぜひお願いしますというのである。

こうした患者の声で、私に嫉妬した彼らは「院長は免許もないのに治療している。保健所にばれたら大変なことになるんだ」と、患者さんたちに私のことを密告する始末。間もなく私は免許証を取ったから、二人をクビにした。その時私は「免許証をふりかざさないで、実力をつける勉強をしなさい」と言ったが、さてこの言葉を理解してくれただろうか。

私はその後さらに頑張り、平成五年にはパシフィックウエスタン大学を卒業し、翌六年に健康科学博士号を取得した。念願の博士号である。私は別に威張りたいから取ったのではない。私のもう一つの願いを遂げるためであった。

その願いとは、本当に実力のある療術師が増えて、患者さんに喜ばれるようになること。そのためには養成機関が必要だとの思いから、平成七年に「東洋療術学院」を設立した。ここは、能書より実践で、患者を治す実力をつける方針をとって今に至っている。ここを巣立った人たちは、全国で治療活動を展開している。

ついでながら、もう一度、免許制度の矛盾に矛先を向けたい。行政の在り方を考える上で重要なことだからである。

たとえば、飲食店を開業する場合、手洗いがどうの調理場がどうのと、型通りの規定をうるさく言うが、実はそれも書類上のこと。調査に来ても、上辺だけ見て、ちょっと小ぎれいならすぐにOKを出す。それっきりで、その後の指導や監督はない。

私の金澤土地建物は、店舗の貸借が主なので、引越しの後片付けをすることが多いが、営業中の小ぎれいさとは打って変って、まあその汚ないこと。ゴキブリの巣だらけである。

一事が万事、すべて上辺だけというのが行政の実態である。もう一つ言わせてもらえば、調理士免許も上辺だけで、料理のできないスナックのママさんはいくらでもいる。

いろいろな免許制度を作ったのは田中角栄元総理で、後に「免許制度は私の失敗だった」と言っていたという。行政当局も考え直してもらいたい。

## ●コンプレックスを妙薬に

私はよく聞かれることがある。

「金澤さんは、本当にいろいろなことに挑戦なさいますね。それがみんなうまくいっている。なぜそんなにがむしゃらになれるんですか」

この問いの裏には、次のような〝探り〟があると私は見ている。

①功名心のために違いない

②金儲けのためだろう

残念でした……この二つはいずれもはずれである。

私には学歴がない。高校から大学を出てというコースだったら、おそらく現在の私はないだろう。

若いころの私には、学歴がないので、それを補うには一生懸命やるしかない、実力をつけるしかない、と思って頑張った。私は実力主義に徹しようと思ったのである。

大阪での修業は、確かに実力がつき、おかげで気功の開発もできた。もし、行政の無駄な免許制度というものがなかったら、私は長生学園にも入らなかったに違いない。

無免許ではどうにもならない。人の命も救えないというのでは、矛盾を感じながらも免許証を取って開業するしかないではないか。

国家試験というのも、私に言わせるとナンセンスだ。ただペーパーの上で、理屈をこねるだけである。だが合格しなければどうにもならない。私は学歴がないから、学歴のある他の学生たちから、出そうな問題を解説してもらい、それを一言一句のがさずノートに書き、暗記した。

そして合格した。学歴があったら、それを鼻にかけ、タカをくくって、不合格になったかもしれない。

# 6

# 日韓トンネルにかける夢

## ●東京湾アクアライン建設運動

私はひょんなことから、東京湾横断道路（アクアライン）の建設運動を民間で始めることになった。それが、今の日韓トンネル建設推進にまでつながるのだから、人生は面白い。

東京湾アクアライン連絡道は、神奈川県川崎市から東京湾を横断して千葉県木更津市へ至る高速道路で路線は一般国道４０９号。総事業費約一兆四千四百九億円をかけ、一九八九年（平成元年）五月から八年間に及ぶ大工事で、九七年（平成九年）十二月十八日に開通した。この構想から実現に至るまでの、私の活動について話そう。

一九六〇年代の初め、千葉県鴨川市にプロレスラーの力道山が土地を一万坪持っていて、競艇場の建設を計画していた。しかし、海水浴場の近くで、水産資源が豊かだったので漁業組合が反対した。そのうち力道山はやくざに刺されて亡くなってしまう。

その土地を買ったのが上野の炭問屋だった。息子に事業をやらせるつもりだったが、息子にやる気がなかったので、私に買わないかと言ってきた。見るといい土地なので買った。川崎から船で一時間十分かかるが、そこに健康ランドを建てたら成功するだろうと思い、設計図を鴨川市に出した。

その土地の上に、木更津信用金庫の土地があって、購入を頼まれたのでこれも買った。すぐに家を建て、近くにある盲導犬の訓練所の所長に鍵を預けて、時々掃除してもらっていた。するとある日、八岡海水浴場の沖にある雀島から船で渡ってきた大洋漁業(今のマルハ)の社長が、その家を見て気に入り、欲しいとなったので売った。海岸近くの土地は、鴨川市が、老人ホームや青少年育成センターの用地として、どうしても海水浴場近くの土地が欲しいと言ってきたので、そんな計画があるならばと鴨川市に売った。

そんなことで、川崎と鴨川の家とを行ったり来たりしているうちに、東京湾に橋を架けると、船で一時間十分かかるのが二十分くらいで行けるので、便利になっていいと思うようになったのだ。タンカーが通る水深の深いところは海底トンネルを通せばいい。

そこで、神奈川県選出の田川誠一衆議院議員や佐藤一郎元経済企画庁長官などに、川崎と木更津の間に橋を架けようという話をすると、おかしな顔をされ「頭が狂っているのではないか」とまで言われた。そんな人が大半で、そんな人には話をしても何にもならない。

そこで、民間で運動を始めることにしたのだ。たまたま、旧知の秦野章先生が参議院議員になっていたので、この先生なら話を聞いてくれるのではないかと思い、頼みに行った。

秦野先生に「川崎と木更津の間、東京湾に橋を架ける」と言うと、「そんなことできるのかね」と驚いていた。

「で、おれは何をやればいいんだ」と言うので、「先生が東京湾横断道路期成会の会長になり、政府予算から調査費を取ってくれればいい。実務は副会長として私が全部やるから」と言ったら、「そのくらいの事ならできる」と言う。四千〜五千万円の予算をお願いしたら、先生はその場で大蔵省（今の財務省）に電話をしてくれた。十五分後くらいに大蔵省から電話があり、「七千万円くらいでどうですか」と言ってきた。

それで、七千万円ですぐ調査を始めたが、半年後に調査費が足りなくなった。

東京湾アクアライン

「調査費が約一億二千万円足りない」と言うと、秦野先生はまたすぐに取ってくれて、調査を終えることができた。その調査に基づいて、自動車とモノレールの東京湾横断道路計画を発表したのだ。

横断道路とモノレールが総工費一兆円でできるという計画が新聞テレビで報道されると、東京都の美濃部亮吉知事、横浜市の飛鳥田一雄市長、川崎市の伊藤三郎市長がそろって「反対だ！」と言い出した。三人とも革新首長で開発には何でも反対だった。

大型タンカーの航行に支障がある、水が汚れる、排気ガスで大気が汚染されるなどがその理由で、漁業組合も反対したため、建設は十年遅れた。

一九八二年（昭和五十七年）に中曽根康弘政権になると秦野先生が法務大臣に就任し、民活（民間活力の活用）が重要課題になったので、計画が実現に向けて動き出し、経済効果があるのではないかと着工が決まったのである。構想力のある政治家でないと、大規模プロジェクトは実現しない。

十年間の間に経済成長が進んで物価が高くなり、遅れた分だけ予算は膨らみ、一兆四千五百億円の総工費となってしまった。結局、羽田空港につながる計画のモノレールは取りやめになり、自動車道路だけになった。工事は八年ほどかかり、一九九七年（平成九年）に開通した。完成式の渡り初め式に、私は川崎からバス二台を出して参加した。

当初、通行料は道路公団は、川崎浮島ＪＣＴ―木更津金田ＩＣの普通車が片道六千円という予定だった。十五分で渡れるのに、それでは高過ぎる。道路公団の担当者に「片道三千円で通るか」と聞くと、「通らない」と言う。誰も通らないような道路を造ってはいけないと、道路公団にかけあい、片道三千円に割引きし、半年間、横浜・川崎で発売した。半年過ぎても、割引料金の三千円のままにした。

半年後、公団は、おかげさまで車も大分通っているのでそのままの料金でやっていきたいということで二〇〇九年（平成二十一年）まで三千円にした。十年の計画が約六〜七年で元が取れたので、千葉県の森田健作知事になってからは千円に料金を下げ、現在では八百円になっている。

## ●日韓トンネル推進神奈川県民会議議長に

一九九七年（平成九年）に東京湾アクアラインが完成した時、ふと「次は日韓トンネルだな」という考えが浮かんできた。どうして浮かんできたのかと聞かれても、それは自分でもわからない。

そこで二〇〇九年（平成二十一年）に、賛同者を集め「日韓親善海底トンネル期成会」を発足させた。いいことを思いついたら行動に移すのが私の性格だ。当時、韓国の提唱で始まった国際ハイウェイ・日韓トンネル・プロジェクトがあることなど全く知らなかったのも、不思議と言えば不思議なことだ。

その後、仲間から日韓トンネル建設を推進している国際ハイウェイ財団のことを知らされ、私と同じことを考えていた人たちがいたのでびっくりした。活動紹介の

日韓トンネルのイメージ図

ビデオを見て納得し、一緒になって進めることにした。

名前を出すだけではない。協力するとなったら、現地に足を運ぶのが私の主義だ。二〇一二年（平成二十四年）と一三年（同二十五年）に対馬・壱岐・唐津の日韓トンネルの現場を視察し、一三年十月二十六日に設立された日韓トンネル推進神奈川県民会議の会長に就任した。そこで早速、川崎駅西口の金沢ビルに、「国際ハイウェイプロジェクト　日韓海底トンネル　リニアモーターカー促進」の看板を掲げたというわけだ。

商売でも薄利多売でやれば取引が活

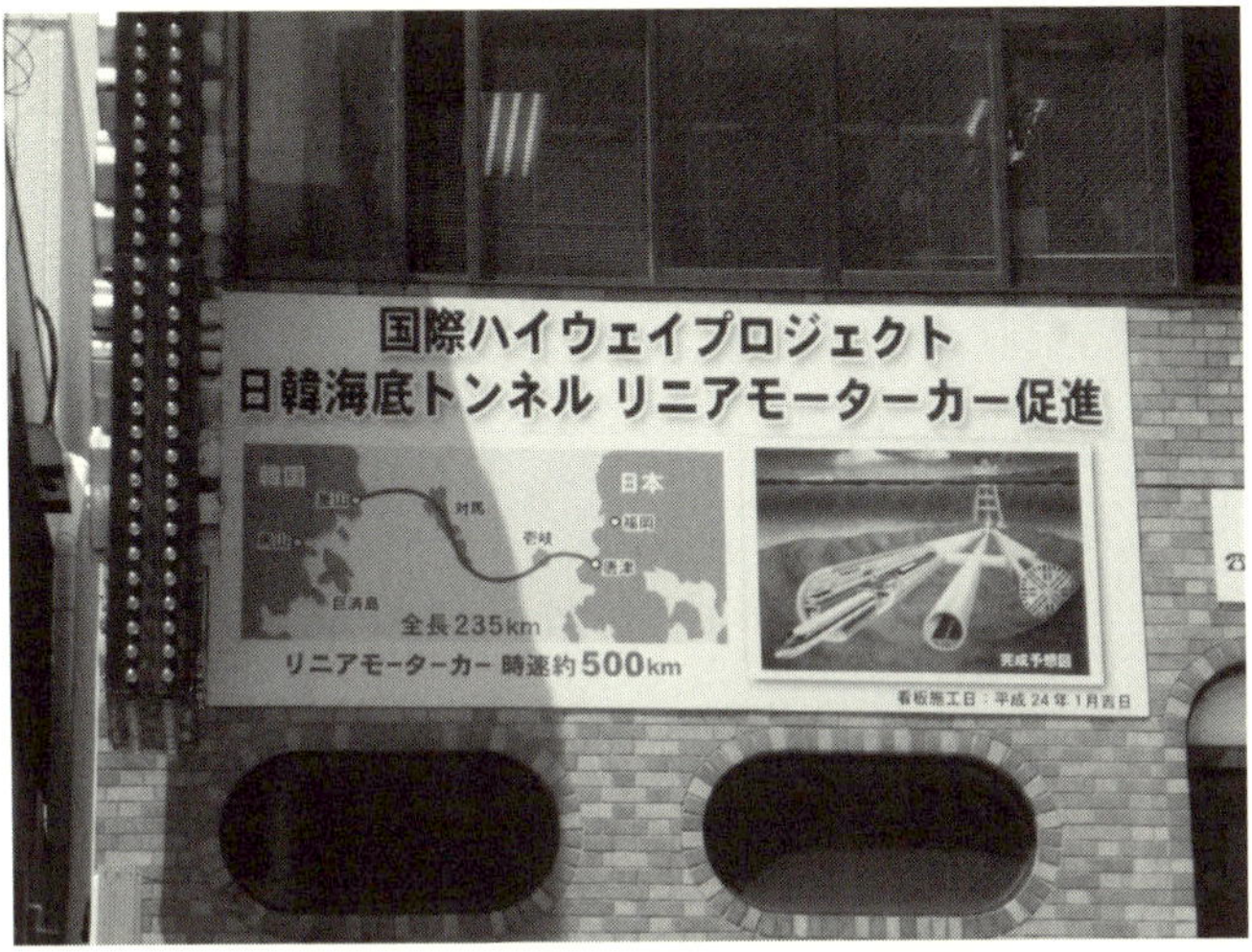


金沢ビルに掲げた日韓トンネルの看板

発になり、元が取れる。日韓トンネルの十兆円も元が取れると確信している。公団を作り、銀行から金を借りて建設すれば、国民の税金は使わなくてもすむ。おまけに金や銀の鉱脈が発見されると、おつりがくるだろう。

日韓トンネルは政府ではなく民間から建設運動が始まったから、今のところ大きな反対はない。だから、このまま国民運動として盛り上げていかなければならない。日韓両国の国民の間で、十分に機運が盛り上がった段階で政治家に引き渡し、国家の事業として発展を図ればいいのである。

何しろ国と国を結ぶ大プロジェクト

なので、現実的になると反対も大きくなるだろう。そうなっても揺るがないだけの信頼基盤を、日韓両国民の間に築いておく必要がある。

東京湾アクアラインも民間から建設運動を起こした。千葉県の有名な政治家、ハマコーこと浜田幸一衆議院議員などは、ほぼ完成する段階になって、「あれはおれが造った」などと言い出したのだが、反対はしなかったものの、積極的には協力しなかった。政治家はそんな者が多い。

## ●日韓トンネルの拠点に桜を植える

日韓トンネルの現地を視察して、私がすぐに思いついたのは、「ここに桜を植えたら素晴らしくなる」ということだ。

二〇一四年（平成二十六年）三月、私は日韓トンネルの調査斜坑の工事現場がある長崎県対馬市阿連に百本、トンネルが通る壱岐市芦部町と勝本町に六十七本、九州の調査斜坑が掘られている唐津市鎮西町名護屋に三十三本の、合わせて二百本の桜の苗木を植樹した。植えたのは五年生の土台に二年生のソメイヨシノを接ぎ木した苗木で、その方が根づきやすいからだ。

対馬の斜坑掘削オープン式で挨拶しエールを送る

とりわけ対馬では、日韓トンネル阿連斜坑の工事開始に先駆け、ふもとからの取り付け道路沿いに桜並木を、敷地内に桜の園を造る計画だ。以後、毎年二百本を植える予定で、五年間で千本の植樹を目指している。

桜の植樹を決めたのは、花は夢につながるからだ。日韓トンネルをはじめ高速道路で世界を結び、平和の実現に役立てようという構想の「国際ハイウェイプロジェクト」は、道路建設だけでなく、その地域の経済発展や環境整備にも貢献することを目的としている。そんな将来を、桜の花を見て少しでも感じてもらえたらうれしい。

植樹作業は、工事関係者に地元の協力者も加わり、市民参加のイベントとして実施された。岩が多いのでショベルカーが活躍し、根づくまでは定期的に水やりをし、シカやイノシシなどの獣害を防ぐため、囲いをして苗木を保護する計画だ。

ところが、最初の桜の苗木はかなりシカに食われてダメになったらしい。シカの害を防ぐには、オオカミの尿を入れた缶をぶら下げておくことだとわかったので、次からはそうすることにしている。

桜を寄贈したのは、対馬・壱岐の現場を見て、日本と韓国だけでなく世界的な観光地になると思い、国花の桜がふさわしいと考えたからだ。港から見える場所にも植えたので、やがて桜の名所になるだろう。

最初は友好のしるしに韓国に桜の苗木を千本贈ろうとしたのだが、生木を送るのは検疫の関係で非常に難しいことがわかった。韓国内に持ち込んでも、別の場所に植えて二年間経過を見て、安全が確認されないと希望の場所に植えることはできないという。それで、そんな心配のない対馬・壱岐・唐津に植えることにした。

## ●桜は父と青春の思い出

桜の話が出たので、私と桜について少し話をしておこう。桜には父の思い出や、少年兵時代からのいろいろな思いが詰まっているからだ。それに、桜は日本を代表する花でもある。

川崎駅西口大通りには再開発が終わって最初にプラタナスの街路樹が植わっていたが、葉の裏の毛羽がぜんそくの原因だとわかったので、プラタナスを切って桜を植えた。

プラタナスとプラタナスの間に桜を植え、五年後に花がたくさん咲くようになってから、プラタナスを切った。すると、街路樹を管理している市が補償するように言ってきた。

桜を植えたことにも町内会の一部から反対があった。桜の木には虫がつき、それを消毒すると、消毒液が飛散して、洗濯物についてしまうという。また、葉や花びらが落ちると汚い、と。それは、掃除すればいいから、私は無視して進めた。

すると、百本植えた桜の木が、四十本ほど誰かに切られてしまった。頭に来たの

山形県尾花沢市で桜の植樹式

で植え替え、防犯カメラを取りつけ、桜の木を切ったり、枝を折ったりする者を見つけて知らせた人には報奨金五万円を出すという貼り紙をし、チラシを撒いたら、有名になった。犯人を見つけて五万円もらおうと、飲み屋などで話題になっていた。すると、それからは桜は切られなくなった。

桜が咲くころ、川崎駅西口大通り商店街で桜まつりを始めた。そこに狩猟の仲間がたくさんいる山形県から花笠音頭の一行を招いた。狩猟の後、ホテルで歓談している中で、そんな話が出来上がったというわけだ。川崎でも婦人会が花笠音頭を練習して、山形の女

川崎駅西口大通り商店街の桜まつりで挨拶

性たちと一緒に踊った。

花笠音頭の発祥の地とされるのがベニバナで有名な尾花沢なので、桜まつりに尾花沢の市長を招いた。街路樹の桜が満開で素晴らしい光景を見た尾花沢市長が、サクランボの木に継いで花を咲かせたいから桜の枝をくれないかと言うので、そんなことをするより、苗木を千本贈りますよ、となった。

それがきっかけで県内各地に桜を贈るようになり、尾花沢市に続いて寒河江市、最上町、東根町にも千本ずつ苗木を贈った。二〇〇二年（平成十四年）に植えたので、もうかなり大きくなっている。

エジプト・カイロで行われた桜の苗木の植樹式

## ●エジプトに桜を贈る

エジプトには三〜四年がかりで桜の苗木を三千本植えた。日本との文化交流が五年目になった二〇〇一年（平成十三年）に、高円宮殿下が最高顧問になり、日本から何か贈ろうかという話になった。東芝やパナソニックからパソコン十台を贈る話があったが、私はそれより日本の国花の桜をプレゼントしたほうがいいと考え、提案すると話がまとまった。

二〇〇〇年六月には「日本文化週間2000」がカイロで開催され、高円宮同妃両殿下がオープニングにご出席し、中東で初の雅楽公演が行われた。二〇〇一年九月〜二〇〇二年三月にも、エジプトで総合的な日本文化紹介事業「ジャパン・フェスティバル２００１」が開催された。

苗木は生木なので、本来ならエジプトでの検疫が厳しかったが、ムバラク大統領の指示で、日本の検疫をパスしておれば問題ないとなった。

植樹祭にはムバラク大統領夫人も参加し、盛大なものになった。その後、エジプトは政情不安になってしまったので、あの桜がどうなったか心配している。

## 日本と韓国は兄弟の国

日韓トンネルに話を戻すと、私は日本と韓国は兄弟の国だと思う。今のままでは兄弟が他人になってしまうので、日韓トンネルをなるべく早く実現して、日本と韓国の交流を盛んにしないといけない。

日韓友好を実現する最高のプロジェクトである日韓トンネルを実現して、リニアモーターカーが走るようになると、韓国と日本の交流が盛んになり、世界中から観光客が来るようになるだろう。

建設費は十兆円かかるが、建設期間が十年なので一年にすれば一兆円で、日本政府が出せない金ではない。全長が約230キロもあるので、掘っていると金や銀が出てくるかもしれない。「対馬は佐渡島に似ているから、金が出るかもしれない」そんなおおらかな気持ちでやればいい。

今、莫大な予算が児童手当や生活保護などの福祉などに使われているが、これらの多くはムダ金だ。金は利益を生むように使わないといけない。十兆円の金も、六～七年で元が取れるのではないか。何の心配もない。

民間で運動を起こさないと、政治家だけでは実現しない。民間から建設を要望する声が高まると、政治家も動き出す。国際プロジェクトなので、日韓両国政府が建設を決めなければ動き出さない。その意味では、日韓友好のバロメーターが日韓トンネルなのだ。

日本と韓国の間には、竹島の領有権をめぐる問題や、いわゆる従軍慰安婦など歴史認識をめぐる問題などが山積し、かつてなかったほどに関係が悪化している。日韓トンネルはその両国を一つに結ぶものなので、当然ながら抵抗も大きい。逆に言えば、両国が一つになるくらいに信頼関係を高めないと、実現しないプロジェクトである。

戦って得になることはなにもないから、平和の果実を享受できるような両国でありたい。世界中を観光できるのも平和だからで、紛争地域には素晴らしい観光遺産があっても、訪れることができない。争いになれば国民が犠牲になることは、両国民ともわかっている。

## ●猟友会の仲間と済州島でキジ撃ち

私は趣味の狩猟で、猟友会の仲間と済州島に二十回くらいキジ撃ちに出かけたことがある。一九八八年のソウル五輪の前からで、済州島にはキジがたくさんいた。済州島は風が強いので、家や畑の周りに石垣が築かれている。火山性の貧しい土地で、石を取った跡地を畑にして、ソバや豆などを作っていた。早朝、猟場に行くと、石垣の上にキジがたくさんとまっていた。日が昇り、日光が石垣に当たって温かくなると、石の間から虫がはい出してくるので、それを狙っているのだ。散弾銃で撃つと、キジは面白いように取れた。

もっとも制限があるので、キジを好きなだけ日本に持ち帰ることはできない。そこで現地で解体し、羽と皮だけにして持ち帰り、はく製にした。肉はそのままでは持ち帰れないので、日本から味噌を持参し、味噌漬け肉にして持ち帰っていた。食べる頃には、よく漬かっていて、とてもうまい。

狩猟免許は三十歳の頃に取得した。神奈川県では最古参で、猟友会の会長、副会長を務め、今は忙しいので平の役員をやっている。丹沢ではイノシシやシカを撃つ。使うのはライフルか散弾銃の一発玉だ。

福島県田村郡にはキジがたくさんいる。原発事故の放射能汚染で、獲物を取っても食べられないため、誰も猟をしなくなった。畜農家から逃げたブタがイノシシと交配してイノブタになり、それが増えて大変な状態だ。

対馬もシカとイノシシが増えて困っているので、狩猟に来てほしいと、地元の人たちに頼まれている。

## リニアモーターカーで福岡―ソウルが一時間十五分に

日韓トンネル推進山陰大会が二〇一四年（平成二十六年）五月十一日、鳥取県米子市の淀江文化センターで開かれ、コリア・レポート編集長の辺真一《ピョンジニル》氏が記念講演したので私も参加した。辺氏は「日韓トンネルにリニアモーターカーを導入すれば、福岡とソウルが一時間十五分で結ばれる。日本が欧州と鉄道で結ばれれば、経済的な恩恵がもたらされる。貿易でも人的交流でも韓国より日本の方がメリットが大きい」と話して大きな拍手を受けていた。参考になるから、講演の概要をお知らせしよう。

「北朝鮮は軍事行動を取る恐れもあるが、一番望ましいのは核ミサイルの開発をやめ、各国と関係を正常化し、日本や韓国、アメリカからの援助が受けられるようになることだ。

韓国には東海経済圏構想がある。鉄道が釜山《プサン》から北朝鮮の元山《ウォンサン》や羅津《ラジン》へ延び、そこから北東に行けばウラジオストク、西に行けばハバロフスクからモスクワに通じている。もう一本は、釜山から朝鮮半島西岸を通ってソウル、平壌《ピョンヤン》、国境を越えて中国の丹東《タントン》に入り、満州鉄道を経てシベリア鉄道に連結する。日韓トンネルが開通して、それが日本の鉄道に結ばれると、韓国にはバラ色の未来になる。

ロシアには極東・シベリア開発構想がある。シベリアなどの資源をウラジオストクから羅津に運び、羅津港から東アジアやアメリカへ輸出する。

中国には東北三省経済開発構想がある。東北三省とは遼寧省・吉林省・黒竜江省のことで旧満州に当たる。その物産は羅津港から輸出するのが有利で、いずれも北朝鮮を介した貿易、人の交流を作ろうとしている。

日本には環日本海経済圏構想があり、北朝鮮が開かれると進展する。

日韓トンネルは既に一九三〇年代に日本人が構想していたが、太平洋戦争で霧散してしまった。北米大陸とユーラシア大陸を結ぶベーリング海峡トンネル計画もあった。ロシア時代の一九〇五年にニコライ二世が承認している。

日韓トンネルは、日韓双方が掘れば約十二年で完成する。経費が過大だというのは近視眼的だ。リニアモーターカーが走れば、福岡からソウルまでが一時間十五分で結ばれる。夢のような話で、ヨーロッパからも日韓トンネルを通って日本に来る人が増え、大きな経済効果が期待される。

石橋を叩いて渡るのは日本人の特性で、韓国の方が日本よりも積極的だ。しかし、竹下登、海部俊樹、羽田孜、森喜郎の各元首相が日韓トンネルに前向きな意思を示している。菅直人も首相になる前、日韓海底トンネルにリニアモーターカーを走らせるという構想を語っていた。一九九〇年に盧《ノ》泰《テウ》愚大統領が、日本の国会で演

鳥取県琴浦町にある日韓友好交流公園風の丘

説した折も、日韓トンネルに言及している」

二〇〇〇年（平成十二年）九月に来日した金大中《キムテジュン》大統領も、森喜朗首相に「日韓海底トンネル建設」構想を提唱しているので、日韓首脳会談では日韓トンネルが恒例のように話題に上っているのである。

この大会に参加した折、私は鳥取県琴浦町にある日韓友好交流公園風の丘を訪ねた。昔、当地に漂着した韓国船を二度救助した史実から、日韓友好を願い造られたという話に共感したので、桜の苗木の寄贈を申し出ると、日韓友好資料館の館長にとても喜ばれた。公園に寄贈するのは、花がまりのようになって咲き、開花期間も約一カ月と長いオオテマリザクラの苗木だ。観光客も多いのでインパクトがあると思う。

また、静岡県立大学の金両基《キムヤンキ》名誉教授は、江戸時代の朝鮮通信使の歴史を紹介しながら、日韓トンネルの必要性を語っている。金教授の話は次のようなものだ。

「ドーバー海峡トンネルはイギリスとフランスの信頼関係が結ばれて工事がスタートした。かつては英仏戦争を戦った仲だが、今はノービザで往来できる。それは欧州連合（ＥＵ）ができたからで、日韓の間にそれほどの信頼関係がないのが一番大きな問題だ。

日本と韓国は平和友好の時代の方が長いのだが、豊臣秀吉による朝鮮出兵の七年間と、戦前の植民地支配の三十六年間が、今も尾を引いている。

江戸時代の二百七十年間には、徳川幕府と朝鮮王朝との間で国書が交わされていた。朝鮮国王の国書を持って来訪したのが朝鮮通信使で、始まりは室町時代だが、秀吉の朝鮮出兵の中断を経て、江戸時代には十二回行われた。

秀吉が武力で朝鮮を攻め、明まで征服しようとしたのに対し、徳川家康は平和外交で、貿易による相互の繁栄を目指した。そこで、江戸幕府を開くと、断絶していた朝鮮王朝との国交回復を始めたのである。

最初は、朝鮮出兵で連れ帰っていた捕虜を返し、侵略の意図がないことを示すことから始め、やがて将軍の代替わりに、祝賀の使節が派遣されるようになった。当時の日本人にとって朝鮮通信使は、あこがれの中国文化に触れることのできる数少ない機会で、宿泊先には地元の文人らが押し寄せ、筆談で漢詩や意見の交換をした。通信使一行には楽団や芸人も含まれていて、岡山県瀬戸内市牛窓には韓国の踊りをまねたとされる子供の唐子踊りが今も残っている。通信使がモデルになった人形や絵馬なども全国各地にあり、当時の日本人にとって珍しい異文化体験、国際交流だったことがうかがえる。

朝鮮通信使の一行を江戸まで案内したのが対馬藩で、平野が少なく食料が自給できない対馬は、朝鮮との交易で生きていた。対馬藩の外交官として活躍したのが雨森芳洲《あめのもりほうしゅう》で、長崎で中国語を習得した芳洲は、釜山で韓国語も習い、通信使と自由に会話することができた。それだけでなく、芳洲は対等で尊敬し合う二国間関係を目指した。

韓国でも二十一世紀になってから朝鮮通信使が認められるようになった。歴史に学び、同じ不幸を繰り返さないために、日韓両国が日韓トンネル建設で信頼回復に向かうことは可能だ。人が一人では生きていけないように、国も支え合わないと生きていけない。大きな夢を実現させるために信頼を築くことが大切だ」

こうした各界の人たちの声を集め、日韓トンネル建設推進の力にしていきたい。

## ●モンゴルで発電して日本に送る

長崎県民会議の川口勝之議長（長崎大学元教授）が提案しているのは、モンゴルの草原で風力発電した電力を、日韓トンネルの送電線を通して日本に送るという壮大な計画だ。生物機械工学が専門の川口議長は三菱重工で回転機械やガスタービン、原子力、海洋開発などに携わり、ガスタービンの専門家だという。

モンゴルで風力発電事業を行う構想は、ソフトバンクの孫正義社長が二〇一三年（平成二十五年）に発表している。モンゴルの投資会社ニューコムグループや韓国電力公社と建設事業の推進で基本合意したという。

モンゴルは年間を通して風が吹いているゴビ砂漠など風力発電に適した土地が多く、再生可能エネルギーの導入拡大に取り組んでいるニューコムにソフトバンクが風力発電技術などを提供し、韓国電力公社が送電網を構築する。ゴビ砂漠は太陽光発電にも適しているという。

これからは、こうした国際協力によるインフラ整備が、東アジアの開発に欠かせない。中国、ロシア、北朝鮮の参加も促しながら、東アジアの平和構築に役立つようなプロジェクトに発展してほしい。ロシアとの協力では、シベリアの天然ガスをパイプラインで九州に運ぶこともできる。

東日本大震災の折、東京電力の管内は節電を強いられ苦労した。おかげで節電の習慣が身についたのはいいが、電力の供給減を多角化しておく必要性を思い知らされた。日韓トンネルで大陸とのエネルギーラインが通じると、ヨーロッパのように電気や天然ガスをやり取りすることができるようになる。それだけエネルギーの安全保障が高まることになる。その点からも日韓トンネルは重要だと言えよう。

## ●対馬での調査斜坑口オープン式に参加

日韓トンネル実現に向けての大きな前進となる、対馬から韓国側に向かう調査斜坑の掘削が始まることになり、二〇一四年（平成二十六年）九月十一日、対馬の阿連地区で調査斜坑口のオープン式が開催され、私もテープカットの一員に加わった。

トンネル建設を推進している国際ハイウェイ財団の徳野栄治会長は「二〇一八年平昌《ピョンチャン》五輪を日本が助け、二〇二〇年東京五輪が成功に終われば、日韓の国民感情はよくなる。その後、日韓トンネルが国家プロジェクトとして始まれば、二〇三〇年には日韓トンネルの開通が実現する」と挨拶し、大きな拍手を受けていた。

式典に参加したのは、同財団関係者をはじめ韓国の元国会議員や地元住民たち。これまでは国内の地質調査だったが、韓国側に向けての調査が初めて始まることに、大きな期待を寄せていた。同財団の大江益夫理事長は「これによって日韓トンネルは本格的な国際プロジェクトとなるので、これからが本番だと身が引き締まる思いです」と語っていた。私も歴史的なイベントに参加して、いささか緊張し興奮を覚えたものだ。

調査斜坑は海底下の地質調査や、本坑を掘削する際の資材の搬入、トンネル内の水抜きをするのが役割。当面は、これまで調査が十分には行われていない、対馬と韓国の巨済島との間の海底の地質調査が重要な目的になる。

対馬阿連地区での調査斜坑口オープン式を終えて

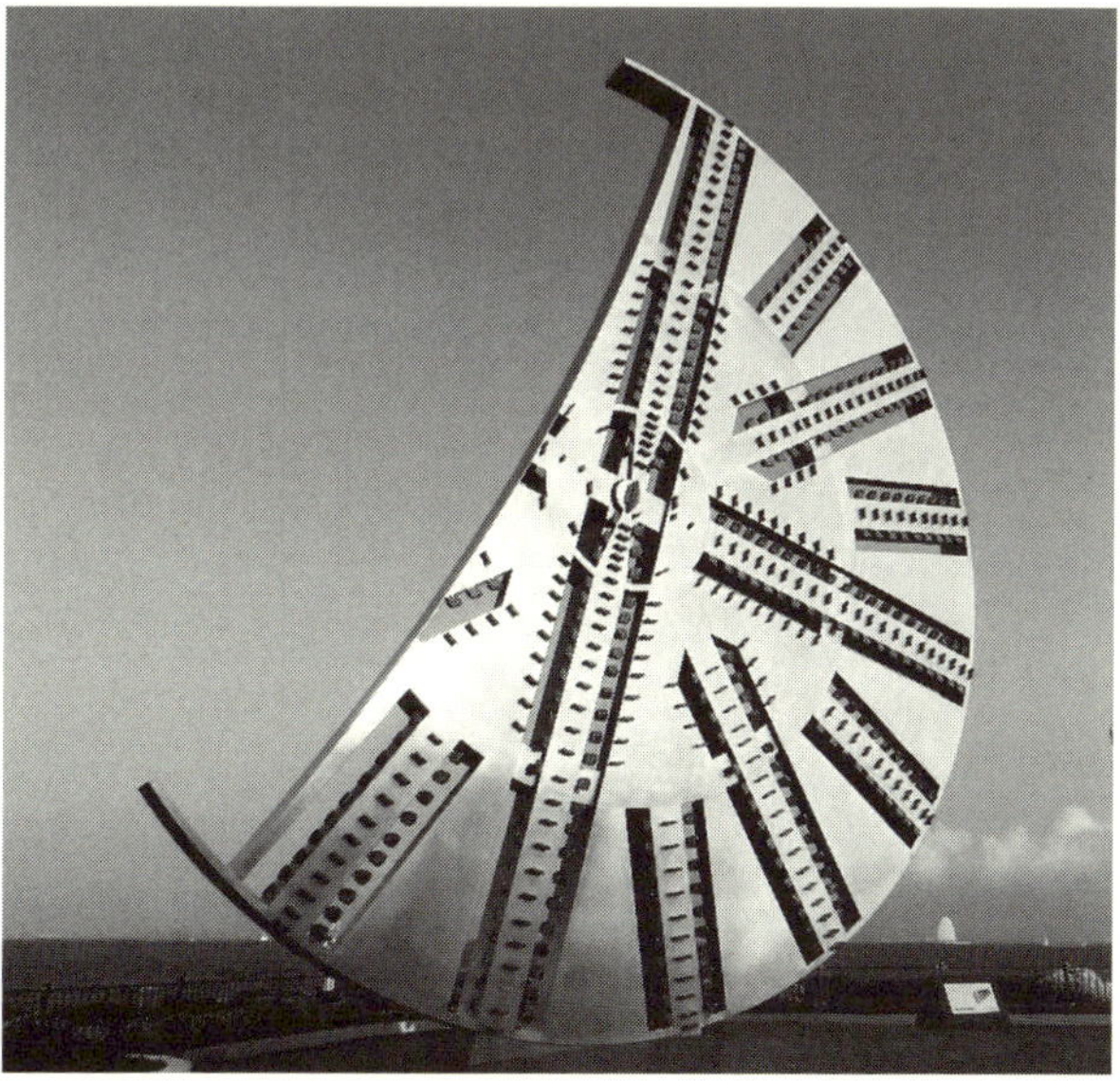

海ほたるに展示されている東京湾アクアラインを掘削したシールドマシンのカッタービット

日韓トンネルは巨大なシールドマシンで掘ることになる。シールドマシンは軟弱地盤でも掘り進むことができるのが最大の特徴で、水底トンネルの掘削に活躍している。英仏間のドーバー海峡の海底を掘削したのも、日本製のシールドマシンだ。土地利用の深度化に伴い、最近の地下鉄、道路、下水道、地下水路などのトンネル工事では、シールドトンネル工法が多く採用されている。シールドマシンでは日本が世界一の技術を誇り、一台が五百億円くらい。5キロくらいで取り換えないといけないから莫大な金額だ。

シールドマシンは土質の強度によって設計が変わる。対馬海峡の海底には軟らかい地盤があるので、その現物を採取しないと、シールドマシンの設計ができない。海底の土は海上からのボーリングでは取れないので、調査斜坑の先端から水平ボーリングをして採取することになる。

ところで、トンネル工事では、掘り出した土砂《ずり》をどうするかが大変な問題だ。対馬で広大な山と谷を買っているのは、ずりの捨て場を確保するためでもある。海の干拓はほぼ不可能なので、壱岐に二万坪、唐津に六万坪、対馬に三十万坪など約四十万坪の用地を国際ハイウェイ財団が所有している。将来、日韓トンネルが日韓の国際プロジェクトになったら、財団はその土地をそっくり国に寄付するというのだから大したものだ。

## ●韓国人観光客で成り立つ対馬

釜山と唐津のほぼ中間に浮かぶ対馬は、古代から日韓の交流・貿易の拠点として発展してきた。対馬藩の宗氏は、江戸時代まで幕府の対朝鮮外交を一手に担い、いわば幕府の外務省の役割を果たしていた。

壱岐が平地が多く、長崎県内でも有数の米どころなのに対して、対馬は山が険しくて平地が狭く、米が自給できない。そのため、歴史的に朝鮮との交易で生きてきており、その必要から、朝鮮国王に臣下の礼を取ることもあった。

戦後の国交断絶から、一九六五年（昭和四十年）の日韓国交正常化を経て、二〇〇〇年（平成十二年）には対馬と釜山との間に定期船が就航するようになり、対馬に来る韓国人観光客が急増した。二〇〇四年（平成十六年）に対馬島内の六町が合併して対馬市になったが、当時の人口約四万人が今では約三万人に減少している。

その島に、年間約十八万人の韓国人が訪れるので、今の島の経済は韓国からの観光客によって支えられていると言って過言ではない。

夏のピーク時には厳原《いずはら》港では三往復、北部の比田勝《ひたかつ》港には六往復のフェリー便が韓国釜山との間を往来しており、日本本土からの便数を大きく上回っている。対馬の中心地は厳原で、厳原には韓国と関係がある遺跡地も多い。厳原町を歩くとハングルの看板を掲げた店が立ち並んでいた。

厳原には、宗家の当主・宗武志《そうたけゆき》と朝鮮の国王・高宗《コジョン》の王女・徳恵姫《とくえひめ》の結婚記念碑や、朝鮮から対馬に島流しされて生涯を終えた朝鮮王朝末期の憂国の士・崔益鉉《チェイッキョン》の殉国碑が立つ修善寺などがある。標高358メートルの上見坂展望台から見るリアス式海岸の浅茅湾《あそうわん》の絶景は見事だった。

観光客のもう一つの目的は買い物。釜山旅客ターミナルの免税店や町のショッピングセンターは、酒やタバコ、化粧品、バッグ、健康補助食品などがそろっていて、品質のいい日本製品がよく売れている。

日韓トンネルが開通すると、韓国からの観光客が一層増えることもあり、二〇一三年（平成二十五年）三月、対馬市議会は「日韓海底トンネルは、島国日本とアジア大陸を結び、東アジアの一体化と平和を求める歴史的な試みである」「トンネル

浅茅湾の絶景

対馬の表玄関・厳原港

が完成し、人の流れと物の流れが拡大すれば、日本・韓国から中国へ広がる経済圏が強化され、東アジア全体の経済発展として貢献していくことは間違いない」として、日韓トンネルの早期建設を求める意見書を可決している。

## ●戦前からあった日韓トンネル構想

二〇一四年（平成二十六年）は一九六四年（昭和五十九年）の東京オリンピックから五十年ということで、二〇二〇年の東京オリンピックを意識した番組がテレビをにぎわせた。その一つが、十月二十五日に放送されたNHKスペシャルドラマ「妻たちの新幹線」だ。新幹線をつくった男と呼ばれる国鉄の技術者・島秀雄とその家族の物語で、彼と彼を技師長に選んだ第四代国鉄総裁の十河信二がいなければ新幹線はできなかっただろうと言われている。

そのドラマの中で、国鉄技師長への就任をためらう島を、十河は「新幹線は鉄道技術者だった亡き父、島安次郎の悲願でもあったじゃないか」と説得していた。島安次郎は戦前、民間の関西鉄道から鉄道院に入省し、南満州鉄道（満鉄）社長代理などを歴任、鉄道大臣の諮問機関「鉄道幹線調査会」の特別委員長に選任された時に推進したのが「弾丸列車計画」だ。

一九三二年（昭和七年）の頃、日本から朝鮮半島・中国大陸へ向かう輸送需要は年々急増していた。一九四〇年（昭和十五年）には鉄道省が「東京・下関間新幹線建設基準」を制定し、同年に帝国議会で「広軌幹線鉄道計画」が承認され、一九五四年（昭和二十九年）までに開通させることを目標とした「十五カ年計画」に基づいて総予算五億五千六百万円をかけて建設を行うことが決定した。さらに将来は、対馬海峡に海底トンネルを掘削し、満州国の首都新京（今の長春）や北京までの直通列車を走らせるという構想もあった。

これに基づいて用地買収と工事が進められたが、戦局が悪化したため、一九四三年（昭和十八年）度をもって工事は中断された。だが日本坂トンネルは工事が継続され、完成後は東海道本線のトンネルとして転用され、後に東海道新幹線のトンネルとして転用された。また、新丹那トンネルと東山トンネルの工事も進んでいて、用地買収も東海道区間については戦時体制による半ば強制的に多くが完了していた。それが、戦後の東海道新幹線建設計画がスムーズに進んだ大きな要因ともなる。

当時の計画では、旅客列車は東京―大阪間を四時間三十分、東京―下関間を九時間で結ぶのを目標としていた。それまで、東京―大阪は最速列車で八時間、東京―下関は十八時間半かかっていたのだから、ほぼ半分に短縮されることになる。

対馬と朝鮮半島の間に海底トンネルを掘ることも考えられ、佐賀県の東松浦半島付近から海底に潜り、壱岐島・対馬を経て行くのが有力とされ、実際に海底調査も行われた。このルートは、現在の日韓トンネル構想とほぼ一致している。

島安次郎をはじめ戦前の日本人は大きな構想を持っていた。敗戦によって、大東亜共栄圏の理想は消滅したが、戦後は経済力によって、その理想を達成しつつある。

日本は戦争で被害を及ぼした国々に対する賠償の意味もあって、戦後、厳しい財政の中からアジア諸国に対する援助を行い、さらに民間の貿易を通して経済発展を支援してきた。中国大陸・朝鮮半島との交流・貿易も格段に増えている。現在は、こうした経済活動を背景に、日韓トンネルが現実味を帯びてきているのである。

## 現在の日韓トンネル構想

私が神奈川県民会議議長を務めている現在の日韓トンネル構想は、韓国の世界的な宗教指導者で平和運動家の文鮮明師が一九八一年（昭和五十六年）十一月にソウルの国際会議で提唱した「国際ハイウェイ構想」から始まったものだ。

その後、八二年（昭和五十七年）に国際ハイウェイ建設事業団が設立され、九州北部や壱岐、対馬南部の該当区域の地質調査や、日韓トンネルで想定される海域の音波探査を行った。また、八三年には専門家による日韓トンネル研究会が設立され、政治、経済、文化、環境など総合的な調査研究が行われてきた。

八四年には対馬と壱岐で陸上ボーリングが始まり、八六年には対馬の西海域で海上ボーリングを実施し、佐賀県鎮西町では日韓トンネル調査斜坑の掘削を始めた。同斜坑は二〇〇七年（平成十九年）、地下５４０メートルまで掘り進んでいる。

八六年には韓国にも国際ハイウェイ研究会が設立され、日韓トンネルの上陸地点に想定されている巨済島の地質調査、陸上ボーリングが始まった。

現在、日韓関係は最悪の状態と言われているが、国際ハイウェイ財団は「日韓トンネル建設により、両国の間には真の平和が生まれてくる。東アジア地域は人的・物質的資源が多彩でかつ豊富であり、交通機関を充実させることにより、強力な経済圏をつくることができる」と日韓トンネル建設の意義を説明している。

同財団によると、日韓トンネルの工期は十年、総工費十兆円ということで、日韓両政府が国家プロジェクトとして取り組まなければ、構想は実現されない。日韓トンネル推進長崎県民会議議長の川口勝之・長崎大学元教授は「政府には日韓友好関係の構築を第一に考えてもらいたい。サッカーの日韓ワールドカップや韓流ブームで日韓はかなり近づいたが、真の友好のためには日韓トンネルの建設しかない」と強調している。

日韓トンネルを国家プロジェクトに格上げするには国民的な盛り上がりが不可欠である。そのため、二〇〇八年（平成二十年）には日韓海底トンネル推進議員連盟が国会議員によって発足し、各県に推進県民会議が設立されている。また、前述の対馬市議会のように、日韓トンネルの建設推進を議決する地方議会も相次いでいる。私も神奈川県でその旗振り役をやっているわけだ。

## ●対馬、壱岐の現場を訪ねて

　私は対馬に三回足を運んだ。現場に立つとアイデアがいろいろ湧いてくるからだ。リアス式の浅茅湾を見て、ここに海洋大学を誘致したら素晴らしいと思った。海の水が澄んできれいなので、ナイアガラのような人工の滝がある大きな水族館を造ると、観光の目玉になる。夜はきらびやかな電飾で別天地を演出すればいい。高い山の上に展望台を設け、ロープウエーで昇るようにすれば、韓国が見えるので人気スポットになるだろう。対馬には活断層がないから地震は少ない。海で生きるしかないが、安全な島だから、海洋開発には適している。

　対馬はシカとイノシシが多く、住民は獣害に悩まされているという。私が猟銃で退治しに行こうかと言うと、危ないからと止められた。

　地元の市会議員や有力者とも交流して、東京湾横断道路の話をしながら、日韓トンネルへの橋渡しをしている。私の持論は、「政治家に任せてはできない。国が動くのを待っていたら何も動かないので、民間でやるしかない。本当にやる気のある人間が先頭に立って活動すると動き出す」ということだ。そう話すとみんな納得し

「おとなの学芸会」でマジック「韓国からの贈り物」を披露

てくれる。実現に向けては地元の協力が鍵になるので、これからも折を見て足を運びたい。

私が来るのを一番楽しみに待っているのは、飲み屋のママさんかもしれない。対馬の厳原では、川崎の浪曲の先生として知られている。持ち歌の「浪曲子守歌」も歌った。私が行くと、川崎の浪曲の先生が来ていると言ってみんな集まってくる。対馬にも浪曲の得意な人がいるので、いつも競演になって盛り上がる。そんなわけで、対馬のネオン街では有名人になっている。

壱岐ではマジックの先生だ。夕食会のテーブルで手品を披露したら、とても喜ばれた。芸は身につけておくべきものだ。あらゆるところで思い出が残っているので、行くのが楽しみになっている。

## ●厳原港まつり対馬アリラン祭

二〇一三年（平成二十五年）には、毎年夏に対馬市厳原で開く「厳原港まつり対馬アリラン祭」のメーンイベント「朝鮮通信使行列」が中止になり、祭りの名称から「アリラン」が削除されて「厳原港まつり」だけが行われた。花火だけで、その数も減ったから、火が消えたようにさみしくなったそうだ。

原因は対馬の観音寺にある県指定有形文化財の仏像「観世音菩薩坐像」が、韓国人窃盗グループに盗まれたことだ。韓国内で押収されたのだが、韓国仏教界などが「倭寇に略奪されたものだ」と主張し、韓国の大田地裁が言い分を認めて、返還を差し止める仮処分を出した。この事件で島民の対韓感情が悪化してしまった。

そこで、韓国側に抗議するため、祭りの主催団体は行列を中止し、祭りの名称から「アリラン」を削除したというわけだ。祭運営費の一部は住民からの寄付金で賄われていたので、「仏像の未返還問題で市民感情が悪化し、寄付金が集まらない」

という懸念も噴出していた。

その祭りは一九六四年（昭和三十九年）に、地元の商工会が主催する「厳原港まつり」として始まったものだ。島の女性が郷土料理「六兵衛」を炊き出して、子供たちにふるまう、島民の手作りの祭りだった。それが、特別な企画にすれば長崎県から三百万円の補助金が下りることもあって、八〇年（昭和五十五年）に朝鮮通信使行列を祭りのメーンとして行うことにした。そして八八年（昭和六十三年）から長崎県の補助金を受け、韓国からも観光客を呼べる祭りとして、名称に韓国民謡の「アリラン」を入れたわけだ。

厳原には、江戸時代に朝鮮通信使の応接で活躍した雨森芳洲の「互いに欺かず、争わず、誠心の交わりをしよう」という歴史があった。朝鮮通信使は対馬で初めて日朝両国による行列をしていたので、「郷土の歴史再現」が祭りの目的だった。

韓国から舞踊団や高校生らを招いて、島民と合わせて約三百人が行列に参加し、江戸時代の衣装や韓国のチマチョゴリなどの民族衣装を着て街を練り歩く。最後には両国の代表が舞台の上で国書を交換し、平和の約束をする。これが島の風物詩になって定着し、島外からも観光客が訪れるようになっていた。

厳原港まつり対馬アリラン祭の通信使行列

日韓の代表による国書の交換

もっとも、対馬に来る韓国人観光客が増えるにつれ、彼らのマナーの悪さもあって、地元からは「なぜ韓国の祭りをするのか」という批判も高まっていたという。そこに仏像の窃盗事件が起こり、火に油を注ぐことになってしまった。まあ、交流が増えれば摩擦も増えるので、仕方がない面もある。

しかし、花火だけではさみしいし、人が集まらず、対馬の観光PRとしてはマイナス面が大きかった。そこで、二〇一四年（平成二十六年）の祭りでは、名称は「対馬厳原港まつり」でアリランは入れないが、朝鮮通信使行列は行うことにした。わずか一年で復活したのは喜ばしいことだ。

行列開催に協力している韓国の「釜山文化財団」が韓国政府に仏像返還を働きかけてくれたことに応え、日韓の友好関係を続けるため、再開を決めたという。対馬市の観光交流商工課では「朝鮮通信使は、対馬にとって重要な歴史の一場面で、別に韓国を褒めたたえるわけではない。二〇一四年は、祭りが五十周年を迎え、盛り上げるために再開してほしいという市民の声も多かった」と話していた。

島内では、行列再開に批判的な意見はそれほど多くないという。日韓国境に近い対馬にとって、韓国人は経済的にも非常に重要な「お客さま」であり、関係改善を望む島民が多いからだ。

しかし、八月三日の当日はひどい台風に見舞われ、朝鮮通信使行列は中止になり、行列後に行われる日韓の国書交換式だけが市交流センターで行われた。

朝鮮通信使の正使役は釜山・行政文化委員会の権五成《クォンオソン》委員長が、日本側の宗対馬守《つしまのかみ》役は対馬市議会の堀江政武議長が務めた。堀江議長が「仏像問題を早期に解決し、良き関係を構築して友好を加速させたい」と述べると、権委員長は「朝鮮通信使をユネスコ世界記憶遺産に登録するため、両国の推進委員会が発足した。行列が再開できるようになってうれしい」と応じたという。対馬海峡の荒波をいくつも乗り越えて、仲良くなってほしいものだ。

## 国境の島・対馬を守れ！

中国が尖閣諸島周辺で日本の領海侵犯を繰り返していることから、日本人に国境意識が高まってきているのはいいことだ。領土を守るのは国の第一の責任だし、それを支えるのが国民の国防意識である。

韓国人による土地の買収が問題になっている対馬では、歴史的な視点から「防人の島」として国の施策で立て直そうとする動きが出ている。財部能成《たからべやすなり》市長は外国人による土地の買収を阻止する「国境新法」の策定を目指し、自民党対馬市議団は「国境離島活性化特別委員会」を作り、国境の島対馬を守る「防人新法」の作成に着手している。

防人新法が求めるのは次の五点だ。①日韓の間で競合している漁業区域の安全確保を国の直轄で行う。②漂着ごみは日韓、日中の問題なので国の責任でごみ清掃を行う。③韓国の釣り観光客の撒き餌問題について警察は及び腰なので、国家間の問題として扱う。④原油高は島の漁業を直撃するので、国の援助で漁民が生きていけるようにする。⑤対馬への航路、空路を海の国道として位置付けて、格安で日本人が旅行できるようにする。

国が国境の島として位置付け、支援しない限り、対馬からの人口流出は止まらず、島は存続できなくなってしまう。尖閣諸島も中国が干渉するようになったのは日本人が住まなくなったからで、対馬の問題は島民だけでは、日本国家の問題だ。

対馬市議会で日韓トンネル建設推進の意見書が通ったのも、同じような理由からだ。対馬の人たちと腹を割って話してわかったことは、彼らが願っているのは日韓トンネルで韓国と結ばれることより、対馬が本土とつながり、本土並みになることなのだ。「この気持ちは内地の人にはわからないだろうがね」と言われた。

韓国とつながらないと対馬までトンネルが来ないから、日韓トンネルを推進しているというわけだ。九州との間にトンネルができると、天候に左右されずに往来できるようになるので、まさに九州と一つ、本土並みになることができる。

対馬の物価はフェリーの燃料代がプラスされるので一様に高い。離島振興法で補助を受けていても、ガソリンは本土より約三十五円高いので、漁場に恵まれながら漁業が成り立たない。若者は就職先が少ないので、高校を卒業すると多くが島を出て行く。それを本土並みにしてもらいたいというのが彼らの切実な願いだ。

自民党は、国境に近く人が住む離島を「特定国境離島」に指定し、島の保全や振興に取り組むための法案を国会に提出しようとしている。財政的な支援を強化するほか、海上保安庁や自衛隊など国の機関を設置し、そのために必要な土地の確保や施設の整備などを行うことで、国境の島を守ろうというわけだ。

特定国境離島の候補は、与那国島や韓国が領有権を主張している竹島に近い島根県の隠岐諸島、長崎県の対馬、新潟県の佐渡島、北海道の奥尻島など。尖閣諸島は無人なので対象から外れている。

日韓トンネルにはリニア新幹線を通すという夢の話もあるが、現実的には人も貨物も運べる在来線にする計画だ。貨物は人の三倍稼げるので、貨物が運べないと採算が取れなくなる。在来線の狭軌の線路でコンテナを運び、福岡と釜山を物流拠点にする。台車に載せることで、自動車やバスも運べる。英仏海峡のユーロトンネルも在来線で、特急電車が走っている。

もっとも、作業トンネルが完成すると、そこを起点にトンネルは何本でも掘れるので、通行量の増加に応じて掘ればいい。世界初の海底トンネルである関門トンネルは国道2号線、山陽本線、歩道の三本が通っている。

## 壱岐にはトンネルの地下駅が

壱岐のことも書いておこう。トンネルの構造上、壱岐で地上に出ることはできないので、地下駅を造り、エレベーターで地上と結ぶ計画だ。

日韓トンネルが想定されている唐津～巨済島の総延長は209キロ、うち唐津～対馬79キロの間に壱岐がある。唐津～壱岐は28キロで、最大水深55メートル、壱岐

フェリーから眺めた郷ノ浦港。前方に見える山が最高峰の「岳ノ辻」標高 212.8m

きれいな砂浜と澄んだ海が広がる筒城浜《つつきはま》海水浴場

〜対馬は51キロで、同110メートル。壱岐があることで、日本側の工事は技術的に容易になっている。

壱岐は対馬と同じ長崎県に属し、面積は対馬の五分の一ほどだが、島の八割は標高100メートル以下という平坦な地形で、県内有数の米どころだ。二〇〇四年（平成十六年）の平成の大合併で両島とも一島一市の壱岐市、対馬市となったが、離島ゆえの悩みは解消していない。過疎化に歯止めは掛からず、壱岐は二万八千人で対馬は三万人、面積比からすると、壱岐のほうが多い。

壱岐は大都市の福岡市からフェリーで二時間、高速艇だと一時間なので、遊びやスポーツなどで訪れる人も多い。サンゴ礁からできた砂浜は白くてきめが細かく、海は遠浅で波も穏やか。夏はたくさんの海水浴客で賑わい、民宿が軒を連ねている。

壱岐と対馬は全域が壱岐対馬国定公園に指定されている。国立公園だと景観を大きく変えるような工事は難しいが、国定公園なので知事の許可があれば可能だ。唐津と対馬を結ぶトンネルは、壱岐では観光地や農地を避け、島の東北部の海岸近くを通過する予定で、斜坑などに必要な用地は国際ハイウェイ財団が既に取得している。

島内の神社に伝わる壱岐神楽は国の重要無形民俗文化財に指定され、新羅に渡る途中に壱岐で亡くなった遣新羅使の墓もある。歴史好きの人にも壱岐は人気が高いので、トンネルの開通は島の発展に大きく貢献することだろう。

## 唐津の調査斜坑を訪ねて

佐賀県唐津市に残る広大な名護屋城跡、その本丸（天守台）跡に立つと、眼下に壱岐水道が広がる。その向こう、対馬海峡を越えれば韓国だ。直線距離にして約150キロ。海底トンネルで結ぶのが日韓トンネルである。

古代、この海峡を渡って多くの人たちが日本列島にやってきた。彼らが携えてきた文化や技術は日本の風土に根づき、古来の文化と融合して、世界的にもユニークな共同体を形成してきた。中国大陸から韓半島を経て太平洋の西の端にある島国は、アジアの東の行き止まりで、さまざまな民族や文化はここで和合したわけだ。

しかし、対馬海峡は戦いの海峡でもあった。六世紀から七世紀にかけて、新羅と対立していた日本は何度か遠征軍を送り、百済と連合を組んだ白村江の戦いでは、唐・新羅連合軍に大敗し、大軍が日本に攻めてくるのではないかとの恐怖におびえた。その跡は、九州から近畿にかけて点在する水城《みずき》や山城《やまじろ》として残されている。その恐怖が現実のものとなったのは元寇の役だが、元・高麗連合軍側の問題や、台風という自然現象に助けられ、日本の被害は九州の北部にとどまった。

名護屋城は、今から約四百年前、全国平定を遂げた豊臣秀吉が、さらに明国に攻め入ろうと野望を膨らませ、朝鮮出兵（文禄・慶長の役）の前進基地として築いたものだ。十五万もの兵がこの海峡を渡り、当時の朝鮮国に甚大な被害を与えたことは、今の韓国の人たちにも深い傷を残している。

明治の日本が列強の仲間入りを果たすきっかけとなる日露戦争の勝利を決定づけた日本海海戦も、対馬海峡で始まった。その時、かつてこの海で秀吉の水軍を打ち破った朝鮮水軍の李舜臣《イスンシン》将軍に、勝利を祈る日本の海軍将官がいたのも、長い日韓史の一こまである。さらに先の大戦から戦後の李承晩《イスンマン》ラインに象徴される日韓対立の時代を経て、二十一世紀の両国がある。

日韓の協力がなければ実現しない日韓トンネルは、日韓友好のシンボルであり、その先には韓半島の南北統一、東アジア共同体の実現を展望する平和の構想でもある。

日韓トンネルの九州からの入口となる佐賀県唐津市鎮西町名護屋には唐津調査斜坑が掘られている。一九八六年（昭和六十一年）四月から坑口の造成工事に着手し、同年十月に国際ハイウェイ建設事業団（久保木修己会長＝当時）が起工式を執り行った。

壱岐水道を望む名護屋城跡の本丸跡（佐賀県唐津市）

起工式のテープカットには、日韓トンネルの調査研究を進めてきた西堀栄三郎元京都大学教授（第一次南極観測隊の副隊長兼越冬隊長）、地質学が専門で青函トンネルにもかかわった佐々保雄北海道大学名誉教授、金山政英元駐韓大使、韓国の物理学者・尹世元《ユンセウォン》教授、地元の鎮西町長も参加した。

久保木会長が発破のスイッチを押すと、「ドーン！」と突き上げるような音が響き、久保木会長の後を継いで国際ハイウェイ建設事業団理事長になる梶栗玄太郎氏が音頭を取り、「バンザーイ、バンザーイ、バンザーイ」の大合唱が鎮西の山々にこだました。西堀氏が「皆さん、今日から日本は島国ではなく、大陸の一員となったのです」と挨拶すると、参加者から拍手が巻き起こったという。現在、その場に集まった関係者の多くは既に他界したが、その志を引き継いだ人たちが、民間の力で日韓トンネル推進運動を継続している。

二〇〇五年（平成十七年）、国際ハイウェイ建設事業団は、第一期、二期工事の後しばらく待機していた唐津調査斜坑の第三期工事を再開し、〇七年（平成十九年）十一月に５４０メートルの地点まで掘り進んだ。既に海底面を突破している。私も何度か現地を訪れ、「本当にトンネルを掘っているんだ」と感心したものだ。

# 7

# 子供たちが健全に育つ社会を

## ●道徳を教えられていない子供たち

八十代になって、ますます心配なのはこの国の将来だ。「その国の青少年を見れば、その国の将来がわかる」と言われるように、日本の将来は今の青少年の双肩にかかっている。その青少年が、善悪の基本である道徳を教えられていないという現実があるのだ。

まず、二つの出来事から話を始めよう。

ある日、足を捻挫した中学生が私の治療院へかつぎ込まれてきた。付き添ってきたのは若い男の先生だった。私は中学生の治療にとりかかったが、彼は私の言うことを聞かない。それはまあ患者のわがままとして許しておこう。だが、他のお客さんたちに対して乱暴な口をきいたり、自分勝手な振る舞いをしたりするので、ついに私は我慢できずに言った。

「今の学校では道徳教育をしないから困ったもんだ」

それを聞いた先生が、不思議な顔をして私に言った。

「道徳教育ってなんですか？」

私はあきれて返事をする気にもなれなかった。

もう一つは、調布市での話である。私は「ポイ捨て禁止」の講演を頼まれて、控え室で待っていると、助役や局長、課長さんたちが、そろって緊張した顔で入ってきた。

「ちょっと聞いてもらいたいことがあるんです」と言って、次のような話をした。

それは、市の職員による燃えるごみ、燃えないごみの分別実演が行われた時である。小学生も熱心に見ている。やがて実演が一段落した時、女の先生が台に上がって大声で言ったというのだ。

「皆さん、よくわかったでしょ。勉強しないで遊んでばかりいると、このごみのおじさんたちのようになってしまうんだよ……」

私はその話を聞いて、市の職員の胸の内を思いやると同時に、やりきれない気持ちになった。

私は講演の中で、この話を取り上げたことがある。

聴衆の中に神奈川県の先生の奥さんがいて、帰宅してからご主人に話したらしく、これはぜひ我々教員の仲間にも聞かせて反省の材料にしたいと、私はまた教員の夏の研究会に呼ばれて、講演することになったのである。

こんな先生がいるのだ。それが教育の現場の実情である。

学校の先生とは何か……今やただのサラリーマン。日教組とかのおかげで月給は上がったが質は少しも上がっていない。ことごとに文部科学省にかみついて、「道徳」の授業に反対しているのも日教組である。その大罪は今も決して消えてはいない。

もっと道徳や礼儀、社会生活のあり方とかを生徒に教えてきたなら、今のようなポイ捨て人間には育たなかったはずである。

急務は、なにをおいても教育改革である。そしてその根本は教員の養成である。

## 学歴偏重の大罪

私は一つの提案をしたい。それはまず、現行の学歴偏重の廃止である。大学卒業と同時に教員免許を与えるとは一体何ごとだ。私はまたテーブルを叩きたくなる。

ではどうするか。学校を卒業してから二年間は「社会学実習生」としてあらゆることを体験させる。それも五種類以上のそれぞれ違った分野の仕事を体験し、その記録をもとに審査し、初めて教員免許を与えるという方法である。

女性教師も、学校出たてのぴちぴちの若い先生などいらない。なによりも人生経験を第一にし、年齢は二十七歳以上、子育て経験者を優先させる。

こんな話をすると、そんなバカな、と言われるかも知れない。言うやつがバカなのだ。心ある人はうん、うんと聞いてくれるに違いないと思う。そこから何か生まれるのではないか。私はそれを期待したい。

現在の学歴偏重は絶対に間違っている。何がエリートコースだ、なにがキャリアだ。たとえば東大を出て公務員試験の一種に合格すると、これが立派なキャリアとかで、すぐ長がつくポストに就く。

財務省の場合、どこかの県の然るべきイスに、若造のくせにデンと座る。やれ就任祝いだ、歓迎会だとちやほやされ、ここから業界との癒着の芽が生まれるのだ。

今や会社の終身雇用制は昔の夢。リストラ地獄がまだまだ続きそうである。そこへいくとお役人はご安泰で、官僚志望の大学生は増える一方。かくて世間知らずの秀才がこの国を牛耳るという図式になる。

この世間知らずの秀才がどこから生まれるか。受験勉強一本やりの塾からである。この塾へ子供の尻を叩いて勉強、勉強と騒いでいるのがバカ親、中でもバカ母たちだ。

勉強さえしていれば、チューインガムをかんでペッと吐き出すことなどおかまいなしというていたらく。タバコを吸う年齢になったら、こんどは吸いがらのポイ捨てだ。

## ●子どもを守り隊でパトロール

私は川崎市で青少年の非行防止活動を行っている青少年育成連合会の横田正弘理事長に頼まれ、五年ほど前から同連合会の会長に就任し、「子どもを守り隊」として、空手道場の人たちなどと一緒に夜間パトロールなどを行っている。

昭和十七年生まれで元航空自衛官の横田さんが、印刷業を営みながら川崎市に四つの空手道場を開き、子供たちに空手を教えていた昭和五十五年当時、シンナーの乱用など青少年の非行が深刻な問題になっていた。師範の空手師匠から「このままでは日本が崩壊してしまう」と訴えられた横田さんは青少年育成連合会を設立、理事長に就任して仲間たちと深夜パトロールなどで非行防止の活動を始めたのだ。

当時は子供を食い物にする不良を街から追放することが主な活動で、不良グループと衝突し、けが人が出たこともあったという。行政の言うように「不審者がいても声をかけてはいけません」、女子供が襲われていても「危険を感じたら助けに入らず、110番してください」では、女子供を守れるわけがない。横田さんたちは不審者がいたら声をかけ、女子供を守るためには手段を選ばない覚悟で活動していた。

その後、指導していた生徒を森道場の森明夫館長に託して運動に専念するようになった横田さんは、川崎市高津区の自宅横に道場を建て、居場所のない子供たちを預かって空手を教え、生活指導をしながら立ち直らせた。礼儀作法、人の道を教える武道が、子供たちの心を正すのに効果的だったという。

横田さんは「シンナーにふけっている少年を見つければ、道場に連れて帰り、空手を教えながら、わが子のように面倒を見ました。すると次第に慕ってくれるようになり、シンナーをやめ、立派な社会人に育った若者がたくさんいます」と言っている。中には社長になった若者もいるというから大したものだ。

一九八六年(昭和六十一年)には「葬式ごっこ」などのいじめを受け鹿川裕史君

が自殺した、東京都中野区の富士見台中学校の事件をきっかけに、多くの子供たちのいじめ自殺が発覚し大きな社会問題になった。横田さんは一九九〇年（平成二年）、鹿川君の父・雅弘さんを副理事長に迎え、いじめ撲滅運動を全国的に展開した。

そんな横田さんが二年前から力を入れているのは、下校時の小学生のパトロールによる見守りだ。下校時の小学生が誘拐され、性犯罪の被害者になる事件が頻発するようになったからだ。また、公園で遊んでいる子供たちを見守り、知らない男に腕をつかまれた時の逃げ方を教えたり、犯罪防止用のステッカーを配って、子供たちの自転車や家の玄関に張るよう勧めたりしている。

横田さんによると、子供を狙う性犯罪は戦後、最悪の状況で、最大の原因は子供の多くが持つようになったスマートフォンにあるという。特にスマホの交流サイトは危険で、ここにアクセスしてくる男の多くは、女子生徒に対するわいせつ行為が目的だ。

彼らは優しい言葉を書き込んだり、同級生のふりをして子供を誘い出し、中には少女を脅し売春を強要したりする男もいる。警察庁が、子供が利用するサイトやア

公園で子供たちに語りかける横田正弘さん

プリに潜む危険を教えてほしいと親に呼びかけても、ほとんどの親は知識がないから教えることができないのだ。

スマホの使い方に親も理解を深め、最低限、有害サイトへのアクセス制限サービス（フィルタリング）を利用し、スマホに時間を取られ過ぎないよう、親子でよく話し合うべきだ。横田さんはそれらに加え、未成年者に対する性犯罪の罰則強化を訴えている。

確かに、諸外国に比べて性犯罪に対する日本の罰則は軽すぎ、最低でも十年以上三十年以下の懲役刑にすべきだ。脅迫・暴力がなく、相手の同意があっても強姦罪が成立する年齢の十三歳未満を十八歳未満にすれば、児童買春で中学生と性行為したら、被害者の告訴なしで強姦罪として厳罰に処せられるようになる。そうすれば子供を襲うような事件は激減するだろう。

私は知人の紹介で、そんな横田さんの活動を知り、「いいことだから乗っかろう」と会長を引き受けたわけだ。時間とゆとりのある高齢者は、次の時代のために、青少年の健全育成にもっと力を入れるべきだ。

そんな矢先、二〇一五年（平成二十七年）四月から道徳が教科になることが決まったのは素晴らしいことだ。これまでも小学校と中学校には週一回の「道徳の時間」があったのだが、教科ではないので運動会や文化祭の準備、ホームルームなどに使われ、大学生に聞いても、道徳を習った記憶がないという子が大半らしい。

そこで、教育基本法を改正した安倍晋三総理が、第三次安倍政権で道徳の教科化を実現させたわけだ。もっとも、これですべてがよくなるわけではない。とりわけ、子供たちがいじめや貧困、孤独などで健全に育つことができない状況は、依然として解決されていない。先進国の中でも、自殺する子供の数が多いのは悲しいことだ。

こんな社会をつくったのは我々大人の責任なのだから、少しでも子供たちが育ちやすい社会にしていくのが、我々に課せられた責任だと感じている。高齢者の皆さんがそんな気持ちになってくれることを期待したい。

## ●罰則の強化で犯罪を防げ

戦後七十年、日本は平和で豊かな国になったのに、子供のいじめや殺人、振り込め詐欺、麻薬や危険ドラッグのまん延など、治安の悪化が深刻になっている。これには道徳教育の見直しが必要だが、それだけでは間に合わない。そこで犯罪を防ぎ、治安を回復するための私の提案は、重大犯罪に対する刑事罰の強化である。

飲酒運転の場合、二〇〇七年（平成十九年）に三年以下の懲役か五十万円以下の罰金になった結果、違反者が約半減したという。前述したように、ガム・タバコのポイ捨ても、大反対を押し切り、二万円の罰金を取る条例を作ったことで、川崎市ではほとんどなくなった。罰則強化にはそうした社会効果が期待できるのである。

殺人罪などはもっと重くしないと、治安はさらに悪化するだろう。最近の事件のように、人を殺してみたかったとか、人を殺すのが面白いからとかの単純な動機で人殺しが行われたのでは、たまったものでない。

しかも、逮捕し、裁判にかけて十年後、二十年後に死刑判決が出ても、死刑が執行されるまで何十年も刑務所に収容することが多い。その間、一人年間八百万円から一千万円の税金が使われるのは、国民にとってあまりにも無駄である。冤罪の可能性がなければ、即死刑にするのが妥当であろう。

こう言うと、必ず死刑廃止論の弁護士や議員が反対するのは、他人事だと思っているからだろう。厳罰化が目的ではなく、重大犯罪を少しでも減らすためである。

ついでに言うと、投票率が50％を切るような選挙は本当の選挙とは言えない。とりわけ重要な国政選挙に、大した理由もなく八年間も投票しないような人には、何らかの罰則を科してでも、投票に行くよう促すべきだ。

また、衆議院議員選挙の際に行われる最高裁判所裁判官の国民審査だが、経歴などがきちんと告知されず、わからないまま○×をつけているのが実情だ。しかも、議員の当落は大きく報道されるが、裁判官の審査結果はあまり報道されないので、国民は知らないまま終わっている。こんなこともよく考え直してもらいたい。

# 8

# 金澤式健康五原則

## ●自分の体は自分で守れ

「金澤さんは、どうしてそんなに元気なんですか。健康の秘訣を教えてください」とよく聞かれる。そこで、私が日ごろ実践している健康法を書いておこう。

まず最初に言いたいのは、「自分の体は自分で守れ。人の話や本などに惑わされるな。クスリに頼るな」ということである。

この信念で実行しているのが、次の健康五原則だ。

①日光浴をする
②いい水を飲む
③消毒していないものを食べる
④体を冷やさない
⑤食べ過ぎない

①は、日光を浴びて体の中にビタミンDを作るためだ。骨や歯の形成に必要なビタミンDの約半分は、体内のコレステロールが太陽光の紫外線で変化してできる。残りの半分は食べ物から摂っている。ビタミンDはカルシウムの吸収を促進する作

用があるので、骨が丈夫になる。この丈夫な骨こそが健康の基本なのである。

もっとも、日光に当たり過ぎて日焼けしたり、水ぶくれになったりすると、皮膚がんになるという問題がある。これは紫外線が皮膚の細胞組織にダメージを与えるためで、特に子供のころは影響を受けやすい。外では長袖を着たり、日よけカバー付きの帽子を被るなどして、直射日光を受けるのを少なくする。また、紫外線を浴び過ぎると皮膚の加齢が余計に進むので、適度に浴びるようにしたい。

また、鉄分が豊富なレバーやほうれん草をたくさん食べると血が増えるから、日光浴をしなくても大丈夫という医者がいる。しかし、レバーやほうれん草にはシュウ酸が含まれていて、摂り過ぎると尿道結石や胆石、尿管結石、腎臓結石の原因になる。

というと、年配の人たちは、「えッ？」と言うに違いない。あのマンガのポパイを思い出すからだ。ポパイはほうれん草を食べて筋肉がもりもりと強くなった……という筋書きだが、それはマンガの話。

あのポパイは、アメリカのベジタリアンの団体が、菜食を広めるために作ったキャラクターで、最初はキャベツを食べていたのだが、キャベツは重過ぎるのでほうれん草になったという。だから、コマーシャルにだまされてはいけない。いいと言われるものでも食べ過ぎないように、何事もほどほどにすることが大人の知恵だ。

朝起きて朝日を浴びるのは、体内時計を合わせるためにも大切である。人はそれぞれ自分の体の中に時計を持っていて、それが狂うと体調を崩してしまう。そこはよくしたもので、大自然から創られた人間は、朝日を浴びることで、自分の体のリズムを自然のリズムに合わせられるようになっている。

元旦に初日の出を拝むように、一日の始まりに昇る太陽に向かって手を合わせていると、生きる力が湧いてきて、心も体も健康になる。私は、これが日本人の信仰の基本だと思う。都会でも太陽は拝めるから、人工的な環境で暮らしている人たちには、ぜひ実践してもらいたい。

## ●備前焼でいい水を

次に、いい水を飲むことだが、いい水とは何か。

まず、我々が日常使用している水道の水について考えてみたい。水道の原水は川や湖沼、地下水から取っているが、そのまま飲用にするわけにはいかない。細菌や化学物質に汚染されている恐れがあるので、原水をきれいにし、消毒して各家庭に給水している。

それが水道局の努力だが、問題はこの原水を消毒する方法である。水道法では、塩素か結合塩素で消毒することになっている。塩素には殺菌作用があるから消毒にはなるが、それにも増して人体に与える悪影響は大きいのだ。

水道水にそのまま金魚を入れると死んでしまう。塩素やカルキ（次亜塩素酸カルシウム）、アルミの粉のためである。とすれば人間の健康にもよくないはずである。金魚や魚介類と人間とでは生命力が違うなどという逃げ口上は通用しない。目に見えない形で、我々の体をむしばんでいるのだ。

そこで我々は自衛しなければならない。私は研究を重ねた結果、「備前焼パワー」のすぐれた浄水作用を発見したのである。

備前焼は、焼物としての芸術性が評判だが、実はそれだけではない。松の根で千三百度で焼かれて完成するので、ミネラルやイオンを豊富に溶出する。これがどんな働きをするか、もうおわかりだろう。

備前焼の器に水道水を注げば、我々の大敵である塩素を分解し、カルキ臭もなくなり、安心して飲めるのである。ついでに言えば、水はもちろん、酒も、お茶もおいしくなる。これが日常生活における知恵で、自分の体は自分で守らなければならない。

## ●野草を食べなさい

五原則の第三は「消毒しないものを食べる」だが、では何を食べたらいいのか。

私は「野草」を食べている。

若い頃から、よく猟などで地方に行っていたが、目的の一つは、この野草を手に入れることである。それにはコツがある。

温泉などには目もくれず、農家のそばに行く。そこでフキやノビル、モチグサ(ヨモギ)などを探していると、農家のおばさんが必ずといっていいほど寄ってくる。

「何を取ってんの?」

「野草が欲しいんだが、この土地にはないね」

おばさんはそう言われると、自分たちの土地をけなされたとでも思うのか、むきになって言い返してくるが、実は私はそれを待っていたわけだ。

「なに言ってんの。あの山の下へ行けば、一杯あるんだよ」

そこで私は、お金と名刺を渡してお願いするのである。

「こういう者ですが、帰りのバスの時間が迫っていますので、あとで送ってもらえませんか……」

このお願いで、二、三日すると、野草がドッサリ送られてくる。秘密の手の内をご披露したので、参考にしてほしい。

今、中高年の山歩きが盛んになっているが、歩きながら〝野草狩り〟をすれば一石二鳥だ。

野草のついでに野菜の話をしておこう。野菜は次に話す体の冷えにも関係するのだが、生野菜を食べ過ぎると体を冷やすので、温野菜で食べるようにする。中国人は生野菜は食べず、油で炒めて食べている。だから中国人は元気なのだ。

それに、生野菜は農薬が付いている恐れもあるので、安全なもの以外は、なるべく加熱して食べたほうがいい。

## ●体を冷やさない

八十歳を過ぎて、健康のために一番大事だと思うようになったのは、体を冷やさず、暖かく保つことだ。体温を上げて血流をよくしないと不健康になる、というのが私の健康法の基本である。

健康な日本人の平均体温は、36・6℃から37・2℃の間で、35℃台になると低体温である。体温は早朝は低く、夕方に高くなり、その差はほぼ1℃以内。病気などで熱が出ていなくても、運動や気温、食事、睡眠、感情の変化などの影響で変動している。

年齢との関連でいうと、乳幼児のころは高く、成長するにつれて少しずつ下がり、十歳くらいから安定して、高齢になると再び低下していく。これは老化で身体機能が落ちてくるためだ。

体温が上がると血液の流れがよくなり、免疫力が高まる。免疫機能を持っているのは血液の中の白血球で、体の中をめぐりながらウイルスや細菌などの異物を探し、発見すると、素早く駆除してくれる。がん細胞があると攻撃して死滅させる。

がん細胞は、健康な人でも日に五千個もできているのに、がんにならないのは免疫細胞のおかげだ。

健康を維持する上で重要な免疫力が、体温が一度度下がると30％低下するという。だから、自分の平熱を知り、低体温になるのを防いで血流をよくし、免疫力をアップするようにしたい。

血液は肝臓で体温にまで暖められ、肺に送られて赤血球に酸素を取り込み、心臓に行く。そこから動脈を通って全身に運ばれ、毛細血管で細胞にたどり着き、酸素を供給する。

全血量は体重のおよそ8％で、体重が60キロの人ならおよそ5リットルになる。この三分の一を失うと、生命が危険になる。

心臓は、血液を全身に循環させるために、一分間に約七十回拍動している。小学生では約八十回、赤ん坊は百二十回くらい打っている。成人の場合、心拍数一回につき、約70ミリリットルの血液が送り出され、一分間で約5リットルになるので、血液は約一分で体の中を一循していることになる。

## ●筋肉を維持する

低体温の原因の九割は筋肉量の低下とされている。日本人の平均体温は、五十年前に比べ0・7℃近く下がっている。その理由の第一は、ライフスタイルの変化で運動不足になっていることだ。家事も家電製品で便利になり、乗り物の発達で歩くことが減り、日常的に運動量が低下している。それにともなって熱を発生させる筋肉量が減少し、体温が下がっているわけだ。

体温が下がると、基礎代謝も下がり、カロリーが消費されにくくなって、内臓脂肪が増えてしまう。すると、がんや高血圧、糖尿病を発症しやすい体になる。加齢とともに基礎代謝が落ちてくるので、意識して筋肉量を減らさないようにしないといけない。

筋肉を維持するためには、毎日の生活で適度な運動を続けることだ。筋肉の七割は下半身にあるので、歩くのが最適だが、高齢者は寒い朝は避けて、日が昇って暖かくなってから歩くようにする。スクワットでふくらはぎや太もも、腰の筋肉を鍛えるのもいい。

私は若い頃はイノシシやシカを追って丹沢の山を犬よりも速く歩き回ったので、足腰は頑丈だ。その前に、少年航空隊でも鍛えられた。そんな土台があるので、丈夫な足腰を維持できている。私は今は特に運動はしていないが、毎日忙しくして、それなりに体を使っているのがいいのだろう。

中高年になると、運動をし過ぎるのもよくない。寒い朝にウオーキングをしている人や、冬の公園でゲートボールをしている高齢者もよく見かけるが、風邪を引いたり、心筋梗塞などになりやすい。

万歩計を持って歩いている人もいるが、一日一万歩は歩き過ぎだ。中高年になって無理に歩くと、足や腰を痛めやすい。体と相談しながら動いていると、これは無理だなとわかるので、運動好きな人は、くれぐれも運動し過ぎないことだ。

## クーラーを使い過ぎない

エアコンの普及で汗をかかなくなったのも、低体温の原因だ。汗は、上がり過ぎた体温を下げるためにかくのだが、その機会が減ると発汗中枢が作動しなくなり、低体温になる。

夏に気温が30℃を超すと暑いからとクーラーをかけて、25℃くらいに下げる。しかし、25℃で六時間以上冷やすと、酸素が欠乏してきて、脳梗塞を起こす危険性が高まる。22℃で六時間以上だと心筋梗塞になりやすいのは、統計的に明らかになっている。四十肩、五十肩、椎間板ヘルニアもほとんど冷えからくる。

暑い時にアイスクリームなど冷たいものを食べるのもよくない。体を冷やすと血液の流れが悪くなり、足腰が痛くなったり、脳梗塞や心筋梗塞、がんにかかりやすくなる。

指の先を輪ゴムできつく縛り、血液が流れないようにして十二時間そのままにしておくと青くなり、腐って落ちてしまう。体の表面だと目に見えるが、体が冷えると、血液の循環が滞って、内臓で同じようなことが起きている。できもののようなものができて、やがてがんになっていく。

自然の風を取り入れる、うちわを使う……このくらいの余裕を生活に取り入れて欲しい。

私は川崎駅西口近くにある自社ビルの屋上でミツバチを飼っている。ミツバチが周りの花から集めてくるハチミツを、おいしく頂くのも生活の知恵。ペットより衛生的、実用的である。

## 体を暖める生活習慣を

入浴も毎日続けたい。湯船に十分程度つかれば、体温が1℃くらい上がる。日本人が長生きな理由の一つは風呂好きだからで、シャワーだと体が暖まらない。

朝は体温が一番低い時なので、冷たい水ではなくお湯を飲んで体を温めるといい。夜寝る前にもお湯を飲むことで体が温まり、眠りやすくなる。

ところで、私の家には温泉がある。ビルを建てる時、地下をボーリングすると湧き出してきた。世の中の人はすぐ地盤沈下などを気にするが、そんな心配はない。803メートル掘り下げれば、どこでも温泉が出る。この知恵はぜひマンションなどの建築に生かして、各戸に温泉を引いてもらいたい。

私は夏でもズボン下を二枚はいている。夏は体が冷えやすいからだ。冬はその上にひざ上までくる靴下をはく。肌に触れる下着は合成繊維よりも木綿の方がいい。シャツも二枚で、一枚目と二枚目の間にある空気が保温してくれる。一枚だと、その空気が抜けてしまう。冬だと、私はアンダーシャツ三枚にチョッキ、その上にシャツと上着なので七枚くらい着ている。足が一番冷えるので、冬には靴下を二枚はいている。

寝る時、私は夏でも電気毛布を敷いている。冬になると二枚使う。汗をかくくらい暖かくして寝るのがいい。夜中にアンダーシャツを二回取り替えるくらい汗をかくが、汗をかくと新陳代謝がよくなる。また、昼間活動的に動いていると、夜はすぐ眠れる。

風邪を引きそうな予感がすると、肩甲骨の間の背中にホカロンを貼る。ちょうど肺の真ん中に貼ることになるので、肺が温められ、酸素を取り込みやすくなる。それで足りなければ腰に貼る。薄着の場合にはお腹に貼ってもいい。

風邪は肺が冷えることで起こる。肺は左右の肩甲骨の間に二つ、背中にくっつくようにある。肺が冷えると酸素を取り込む量が減るので、風邪を引きやすくなる。

高齢者では肺炎になって死ぬことが多い。若いうちは運動したりして活気があるので風邪を引きにくいが、年を取ると運動量が減り、血流が悪くなって風邪を引きやすい。すると、熱が出て、足腰が痛くなり、咳が出たりする。

若い娘さんたちには耳が痛い話だろうが、ミニスカートは健康の大敵である。今どきのデザイナーは、美しく見せることしか頭にないらしい。だから、ミニスカートに半裸のようなワンピースなど、危険をはらんだおしゃれがあふれている。

ナマ足も足を冷やすので、体に悪い。寝る時も靴下を履くぐらいの注意が必要で、そうすれば寝ていて足がつったりすることはない。

## 腹六分目でちょうどいい

次に提唱したいのは、朝食の時間、昼食の時間、夕食の時間などと、決めない方がいいということである。

「食事は腹が減ったと思った時に六分目を食べる」……これを毎日の生活に取り入れていただきたい。

この〝腹が減った〟という感覚こそが大切なのに、多くの人たちは食事の時間がきたからと、腹の減り具合そっちのけで食べている。また、その間に間食をするという習慣で、つい食べ過ぎになってしまうのだ。

中年で腹八分目、高齢になると腹五〜六分目がちょうどいい。年を取り、活動量が減ってきているのに、昔からの習慣でカロリーを消費しきれないほど食べると、糖尿病になったりする。

食事はできるだけいろいろなものを食べるようにする。好きなものばかり食べていると、栄養が偏ってしまう。野菜などは、できるだけ旬のものを選ぶ。旬の野菜には自然のエネルギーが詰まっているからだ。

食前の「いただきます」は、「自然の命を頂いて、生かせていただきます」という意味の、美しい日本語である。そんな感謝の気持ちを込めて食べるようにすれば、栄養が漏れることなく身につくというものだ。

## 趣味やボランティアで孤独知らず

高齢者の孤独が社会問題になっているが、自分に合った趣味を持って、同好の仲間たちと楽しい時間を過ごしたり、社会に役立つボランティア活動をしたりして、家に閉じこもらないようにすることだ。テレビを見てごろごろしているだけだと、体も固くなり、体温が下がって、血流が鈍くなってしまう。

浪曲や詩吟で腹から大きな声を出すのも、気分が爽快になるだけでなく、体温を上げ、血流も盛んにしてくれる。

マジックは頭と手を使うので、健康にもいい。それにマジックを見せると子供たちが喜ぶし、話が弾むきっかけにもなる。身近な輪ゴムやひも、紙幣を使って簡単なマジックをして見せると、子供たちは驚いて顔を輝かせる。

そうやって、このおじいさんといると楽しいなと思わせると、子供たちは素直に言うことを聞くようになる。しかめっ面をしていると近づかなくなる。

昔は町内にしゃんとした御隠居さんがいて、みんなの相談役になったり、子供たちが悪さをすると叱ったりしていた。そんな年寄りが少なくなった。時間のある高齢者は、もっと社会をよくする活動をすべきだ。

人はみな支え合い、助け合って生きている。落ちこんでいる人がいると、「なに頭が痛い？　心配ないよ、すぐ治るよ」と言ってやると、不思議に間もなく治ってしまうものだ。私は声を大にして言いたい。親子、兄弟、友達、ご近所、仕事仲間……みんなが健康で楽しく生きられるよう、プラスの気くばりをし合おう、と。

## 私の夢――あとがきに代えて

人間にとって一番大事なことは夢を持つことだ。夢に思い描くと、それは時間を経て多くが実現されるからである。今、私たちの暮らしを便利で豊かにしている携帯電話やテレビなども、それらがまだなかった時代に、そんなものがあれば素晴らしいと、想像した人がいた。テレビが白黒からカラーになったのも、人々の夢が実現したからだ。今や宇宙旅行ができるような時代になったが、それも、誰かがそうしたいという夢を持ったからである。ちなみに私は将来、地上から宇宙にエレベーターで上がれるような時代が来ると思う。

ところで、地球上には人間が居住できる面積の二倍半もの砂漠がある。砂漠の大半はいわゆる不毛の大地で、人々が定住することはできない。宇宙開発もいいが、砂漠を開発して人々が住めるようにすれば、世界の貧困を解消し、平和をもたらす上で、大きな貢献になるだろう。

砂漠になったのは水がないからで、水があるようにすれば、作物を作ったり、人が住んだりすることができる。その砂漠に水を作る方法を、私は一九九〇年（平成二年）にアメリカのフロリダへ旅行した時に思いついた。

朝の八時ころ、飛行機の窓から下を見ると、延々と砂漠が続いていた。朝日を眺めていると、窓に雪の結晶のようなものが付いているのに気がついた。客室乗務員を呼んで「これは何ですか」と聞くと、「氷ですよ」と言う。「砂漠の上なのに、氷ができるの」と聞くと、「外はマイナス40℃ですから」との答え。高度は約8000メートルだという。

そこで考えたのは、砂漠の真ん中に富士山の倍の高さの山を造ったら、雪が降るようになる、ということだ。その雪解け水を湖水に溜め、パイプラインで引けば、砂漠を豊かな田畑に変えることができる。

砂漠でも、水さえあれば何でも作れるのではないかと考えた。宇宙も夢があるが、砂漠を緑に変えれば、もっと世界の貧困解消と平和の実現に役立つのではないかと思う。

7000メートルから8000メートルの山を造るのは、現代の土木技術をもってすれば可能だ。山の骨格は鉄筋コンクリートで造り、土砂を盛っても崩れないようにする。中心部にはエレベーターを設置して昇れるようにすれば、山頂からの素晴らしい展望だけでなく、気温や地形に応じてスキーやハンググライダーなどを楽しめるようになる。雪解け水を利用して水力発電をすれば、電力を自給することができる。

山の土砂は周囲の土地を掘って集めるので、その後には広大な湖ができる。そこでは、魚介類の養殖をはじめ、水上レジャーも楽しめるだろう。そうやって、世界の人たちが集まるような公園にすればいい。不毛の砂漠を緑の大地に変えたのだから、世界的な観光地になるだろう。

工事は国際的な公共事業にして、世界中の難民など貧しい人たちを雇用すれば、彼らの失業対策にもなる。必要な資金は、世界中の金持に、一人百万円から二百万円、出資してもらえばいい。出資者には、百万円につき千坪くらいの土地を渡す。建設に携わった人たちにも土地を提供し、大規模農業を始めれば、世界の食糧不足も解決する。

そこには民族や国籍、宗教、文化を超えて、いろいろな人たちが世界から集まって来るようにすれば、地球を小さくしたような世界が実現する。今、世界は各地で民族や宗教の違い、あるいは貧困問題が原因で紛争が絶えないが、それらを乗り越えたモデル的な世界をつくれば、世界の平和に役立つだろう。

フロリダのマイアミで、私はレーガン大統領の時の副大統領の教え子の家に泊まったので、このアイデアを話したところ、素晴らしいアイデアだと褒めてくれたので、「副大統領に伝えてくれ」と頼んでおいた。世界各国の首脳の人たちに、早急に検討してもらいたい。

本書に書いたように、私はエジプトに桜の苗木を二〇〇一年(平成十三年)から三年間、一年に千本ずつ贈り、約三千本をカイロ国際空港からカイロに至るメーンストリート沿いに植えた。その折、農林関係の大臣にピラミッドを案内してもらったが、見渡す限りの砂漠が広がっていた。年間降雨量は100ミリくらいだという。

ところが、車で走っていると、砂漠の中にぽつんぽつんと草が生えていた。車から降りて、草の下を掘ってみると、20センチくらい下は土が少し湿っていた。砂はきめが細かく、砂時計の砂のようなので、作物の栽培には適していると思った。水さえあれば豊かな大地に変わる可能性が高い。「井戸を掘れば水が出るのでは」と聞くと、「まだ掘ったことがない」と言う。

そこで私は約五百万円の井戸掘りの機械をエジプトに送り、井戸を掘ってみてもらった。すると、水が出たというので、木を植えることにした。その後、現地に行ってみると、一面にタンポポのような黄色い花が咲いていたのでびっくりした。「種をまいたのか」と聞くと、そうではなく、「自然に生えてきた」と言う。サハラ砂漠は、約五千年前までは豊かな緑があり、湖も点在する大地だったそうだから、暑い砂漠の中でも花の種は数千年、生きていたのだろう。私は植物の生命力に感心した。そんな体験から、私は砂漠の緑化にますます自信を深めるようになった。

エジプトには古代、人力でピラミッドを造った歴史がある。当時の人々は、ナイル川を使って５０００キロほど上流にある山から石を切り出して運んだ。石を大きな木のソリに乗せ、砂の上を滑らせて川岸まで運び、いかだに乗せて下流へ運んだのである。建設現場に着くと、石の下にころを敷き、ロープで引っ張ってピラミッドの上まで運んだという。

ナイル川は長さが６０００キロ以上もあり、ヴィクトリア湖の周辺が源流で、赤道直下のサバンナ気候のため、降雨量も多い。そのためナイル川は氾濫を繰り返す暴れ川だった。その水流が肥沃な土を運んできたので、カイロの周辺では、地中海に面して肥沃なデルタが形成されたのである。

もう一つ思いついたのは、砂漠は雨が少なく日照時間が長いので、太陽光発電に最適なことだ。サハラ砂漠に大規模な太陽光発電の設備を造り、そこからヨーロッパや中近東の都市に送電すれば、原子力発電所に頼らなくてもいいようになる。太陽光発電所の近くに、電力を大量に消費する産業を誘致することもできる。

そんなことを考えていると、太陽光発電の巨大なシステムをサハラ砂漠に造り、電気を高温超伝導で世界中に送電するというプロジェクトがあることを知った。「サハラ・ソーラー・ブリーダー計画」と呼ばれ、東京大学の科学者が構想したものだ。それによると、サハラ砂漠の四分の一の面積で世界中の電力を賄うことができるという。

砂漠には広大な土地と豊富な日照、無尽蔵の砂がある。その計画では、砂のシリカを原料に、太陽光電池の電力を使ってソーラーパネルに使う半導体シリコンを製造するので、設備を自己増殖的に拡大していくことができる。この技術を利用すれば、地球規模の電気革命も可能だという。

このように、夢は、誰かが考えたものを、誰かがまた発展させ、バトンタッチしながら実現させていくものである。一人が考えただけではできない。いろんな人が夢にかかわり、輪を広げていくことで、必ず実現していく。世界には素晴らしい知恵を持っている人がたくさんいるので、大きな夢を描き、発表して、たくさんの力を結集することが大切だ。

そんな大きなことに夢中になって取り組んでいけば、小さな領土をめぐって争うようなこともしなくなるだろう。とりわけ政治家は、夢を持って世界の平和に取り組むべきだというのが私の持論だ。

最後に、本書ができたのは、国際ハイウェイ財団理事長の大江益夫さん、日韓トンネル推進神奈川県民会議事務局次長の村瀬旨博さん、そしてアートヴィレッジ社長の越智俊一さん、ジャーナリストの多田則明さんはじめ関係者のご協力のおかげで、感謝申し上げる。

八十年を超える私の経験と大きな夢が、読んでくださった皆さんに、少しでも生きる力と希望を差し上げることができたなら、私の望外の幸せとするものです。

平成二十七年二月吉日

金澤義春

**金澤義春（かなざわ・よしはる）**
1931年（昭和6年）、福島県生まれ。21歳で上京し、川崎市で不動産業を始める。23歳で白井物理医学研究所卒業。25歳で川崎駅西口大通り会会長就任。さくら治療院設立。東洋物理医学長生学園卒業。62歳でパシフィックウエスタン大学を卒業。東洋療術学院設立。翌年健康科学博士号を取得。その後「ホームレス自立農園」建設運動を展開。有限会社金澤土地建物社長のほか、さくら治療院院長、東洋療術学院院長、川崎駅西口再開発を考える会会長。東京湾横断道路（アクアライン）期成会元副会長、日韓トンネル推進神奈川県民会議議長、日本エジプト協会副会長、川崎環境アセス理事長、剛洲流吟詠会理事長、子どもを守り隊会長などを務めている。著書は『責任者出てこい！』（博美館出版）。

日本はオレがよくする！

---

2015年3月15日　第一刷発行

著　者●金澤義春

発行人●越智俊一

発行所●アートヴィレッジ
〔東京事務所〕
〒124-0025　東京都葛飾区西新小岩1-1-1
〔神戸事務所〕
〒657-0846　神戸市灘区岩屋北町3-3-18・4F
TEL078-806-7230　FAX078-806-7231
〔受注センター〕
TEL078-882-9305　FAX078-801-0006

印刷所●シナノパブリッシングプレス

---